所有教師都應該知道的事
學生評量

What Every Teacher Should Know About
Student Assessment

Donna Walker Tileston   著

賴美言、詹喬雯   譯

DONNA WALKER TILESTON

What Every Teacher Should Know About

Student Assessment

目　錄

作者簡介 iv

譯者簡介 v

序言 vi

譯者序 xi

字彙前測 xiii

1 有關評量的相關決策 1

陳述性知識和程序性知識測驗 2

建構與大腦相容的評量 6

指引 7

組合和標準 9

2 辨識和提升學生的理解 11

核對學生理解程度之傳統性想法 11

如何確認學生是否理解？ 14

運用大腦相關研究提升檢索能力 24

考試焦慮與大腦 30

3 教師自編測驗 33

強迫性選擇題 33

申論題 38

口頭報告 41

實作作業 41

教師觀察 42

Contents

學生自我評量   42

4   智力測驗   43
智能的類型   45
應用多元智能提升班級活動   53

5   實作作業   57
檔案夾   58
教師觀察   59
學生自我評量   60
獨立或團體學習方案   60
布魯姆分類法   62
方案（公式）的應用   68

6   使用矩陣或評量指標   71
應用矩陣來描述教師所期待的結果   71
使用和建構一評量指標   73

7   建構組合型評量   77
步驟一：選擇班級目標   77
步驟二：目標書寫   78
步驟三：監控學生的理解程度   79
步驟四：指引的編製   79
步驟五：準備評量工具   80

目　錄

步驟六：考核所使用的評量工具　　　　　　　80

小結　　　　　　　80　81

8　州政府和全國性的評量　　　　　　　83

現在我們該如何提升測驗的成績呢？　　　　84

銀彈方案　　　　　　　85

字彙摘要　　　　　　　90

字彙後測　　　　　　　103

參考文獻　　　　　　　108

　　Donna Walker Tileston 博士是一位擁有 27 年豐富經驗的教師，也是一家在全美國與加拿大為學校提供服務的策略性教學與學習（Strategic Teaching and Learning）諮詢公司的總裁。她著作等身，主要著作包括：《與眾不同的教學策略——面對障礙》（*Strategies for Teaching Differently: On the Block or Not*）（Corwin Press, 1998）、《突破障礙的革新策略》（*Innovative Strategies of the Block Schedule*）（Bureau of Education and Research [BER], 1999），以及從一出版就名列 Corwin 暢銷排行榜的《十個最佳的教學策略——大腦研究、學習型態與標準如何界定教學能力》（*Ten Best Teaching Practices: How Brain Research, Learning Styles, and Standards Define Teaching Competencies*）（Corwin Press, 2000）。

　　Tileston 博士在北德州大學（University of North Texas）獲得學士學位，在東德州州立大學（East Texas State University）獲得碩士學位，在德州 A & M 商業大學（Texas A & M University-Commerce）獲得教育博士學位。讀者可以在 www.strategicteachinglearning.com 網站，或者透過 dwtileston@yahoo.com 信箱以 e-mail 跟她取得聯繫。

譯者簡介

賴美言

學歷：臺北市立教育大學輔導教學研究所碩士
臺北市立教育大學教育學系教育心理組博士
候選人
現職：新北市五股國小教師

詹喬雯

學歷：國立嘉義大學幼兒教育研究所碩士
臺北市立教育大學教育研究所博士生
現職：明新科技大學幼保系兼任講師
南亞技術學院幼保系兼任講師

序言

　　我們生存在一個無論是政府機關、工商企業或一般民眾都極為關注學生能力表現的時代。對評量者來說，選擇單一測驗工具確實是更容易使用的（easily available），但作為教師，我們知道強迫性選擇形式的單一評量方式其實並非是用來決定學生成就最好的方式，且我們知道其實可以有更好的選擇。身為教師，或許我們對於由國家制定的測驗評量方面並沒有太大的影響力，但是，對於我們使用在班級中的例行性評量上，我們卻擁有極大的控制權。

　　本書內容主要是針對實作評量（即所謂的真實性評量）、教師自編測驗和標準化測驗等範疇進行一系列的探究。其中，標準化測驗的這一範疇則將會結合其可能對班級教學所產生的影響這一部分一起進行討論。此外，七種學生成就測驗方式的效能、評量的相關資訊、監控教學效能及其對班級教學可能的影響等，也將會一併陸續在本書中呈現。內容中，我們會涉及到標準化測驗、教師編製測驗、多樣化的真實性評量、檔案夾和自我評量等範疇，也會進一步探究評量編製者如何製作試卷的提示說明等，且我們亦將以班級為單位，詳細解說符合心智結果評量目標的依據，選擇評量目的（形成性、總結性、程序性和陳述性）、製作試卷的提示說明、定義評量工具的使用方式和評價評量的效能等議題。

　　依據 Marzano（1998）的研究發現，字彙學習對於學生的學業成就表現是具較高影響力的。接下來，我提供了一個字彙表，依循此發現，我嘗試在本書前提供了一個與本書相關的字彙表（參見表1），請您在閱讀本書前先在空格處寫下你對該教學詞彙的定義，藉以測試

看看你可以正確辨識出多少詞彙（詞彙後測）。然後，請你於閱讀完本書後，依據你在本書中所獲取的知識訊息重新檢視你先前所填寫的答案，看看有沒有要修改的部分。順便一提，這一種方式，對於你在教學生學習詞彙時，其實不失是一有效、可行的方法喔。

　　除此之外，我亦根據本書所提供的資訊提供了一字彙後測，亦即在你閱讀完本書後，你將會有一字彙後測測驗，並請你完成它。而書末的「字彙摘要」則提供我們許多和教學與動機（motivation）相關的專有名詞的資訊。

表 1 學生評量字彙表

字彙	你的定義	你修正後的定義
成就差距 （Achievement gap）		
可描述性 （Accountability）		
校對 （Alignment）		
性向測驗 （Aptitude tests）		
評量 （Assessment）		
高風險學生 （At-risk students）		
真實性評量 （Authentic assessment）		
基準點 （Benchmark）		
能力測驗 （Competency tests）		
標準化參照測驗 （Criterion-referenced tests）		
以資料為基礎的決策 （Data-based decision making）		
拆離型資料 （Disaggregated data）		
正式評量 （Formal assessment）		
形成性評量 （Formative assessment）		

（續）

字彙	你的定義	你修正後的定義
高風險性測驗 （High-stakes testing）		
智力測驗 （Intelligence testing）		
集中量數 （Measures of central tendency）		
常態分配 （Natural distribution）		
常模參照測驗 （Norm-referenced tests）		
同儕評量 （Peer assessment）		
實作作業 （Performance tasks）		
檔案夾 （Portfolio）		
信度 （Reliability）		
評量指標 （Rubric）		
自我評量 （Self-assessment）		
標準化測驗 （Standardized tests）		
標準 （Standards）		
學生的理解 （Student understanding）		
總結性評量 （Summative assessment）		

（續）

字彙	你的定義	你修正後的定義
效度 （Validity）		

English Edition Copyright © 2004 by Corwin Press, Inc.

Complex Chinese Edition Copyright © 2011 by Psychological Publishing Co., Ltd.

譯者序

　　筆者在翻譯此書期間，雖適逢正值於博士班精耕的階段，但其實早已在幼教及小學領域具有多年實務教學經驗。而這些在教學現場的日子裡，始終深深體覺到，教學場域中，教與學的成效評估，必須是要憑藉教師不斷省思與檢視學生評量方法的適切性與合宜性與否，始能精確地解讀學生的學習表現，並及時性的調整教學與評量方法，藉以符應不同優勢智能與不同類型學習風格學生的學習（評量）需求。因為筆者堅信，所謂的學生評量並非是在意圖歸類孩子，其真正意涵乃是在於：「珍視每一個孩子」。基於此感知，雖自覺才疏學淺，但仍殷切期待希冀藉由本書譯文的拋磚引玉，可以再度激起教育工作者對學生評量適切性與合宜性的重視與熱情，使學生評量可以成為「教師專業發展」與「教學品質改善」的重要指針。誠如本書作者所堅信的：「這一本書將可以協助教師們更有效能地協助學生們獲得成功的經驗與機會。」

　　這是一本介紹教師可以如何設計及精進「學生評量」工作的一本書，乃是作者所編寫的《所有教師都應該知道的事》系列書籍之一，全書共分為八章。筆者認為本書的珍貴處在於作者立基於其 27 年的教學實務經歷與多年來擔任美國及加拿大地區學校教師諮詢顧問等經驗，由關懷基層教師編制課程評量的專業需求與實務考量為出發點，以簡明扼要、循序漸進的書寫風格將本書內容作一呈現。其內容可以說是兼具實用與理論，甚為貼近、符應現場教師的需求，例如：本書第二章提供教師如何正確辨識學生是否已真正理解所教授知識內容的方法；第三章則根據理論，提出教師如何自編各種不同類型測驗的方

法與準則等等。論說具體可行，加上每一個章節皆能以有組織、有架構的條理方式，清晰地描述涉及與學校場境之學生評量有關的實務性作法，且同時又能適時列舉實例與理論相互呼應，幫助讀者可以更清楚了解評量的具體作法，增加了讀者可以將本書所傳達的資訊成功轉化為行動的機率，可以說是一兼具理論與實務兩面向的專書。是故，筆者深信本書對於教育工作者而言，實不失一極有價值的參考工具書，值得推薦。

最後，感謝引薦翻譯此書的關鍵人物，即是當時正任職於臺北市教育局特教科的張倉凱先生，及使此書能順利付梓出版的功臣心理出版社編輯部同仁們的協助。另因翻譯此書期間，適逢諸事繁雜，為避免因此影響譯文品質及出版進度，邀請喬雯老師共同擔任本書譯文工作，幸蒙其首允，本書譯文始順利產出，在此一併致謝。最後，筆者體覺本書牽涉諸多專有詞彙，雖譯文過程中自許力求精準，但如本譯作仍有誤漏之處，為使本書更臻完善、具可讀性，尚祈請諸位碩學先進不吝賜教指正，以匡不逮，是所至盼。

賴美言　謹誌於臺北

字 彙 前 測

說明：請從下列每一題所提供的選項中，選出一個最適合的答案。

1. Conner老師想了解學生在估算方面（estimation）是否能夠運用所習得的資訊時，何種評量是用來判斷學生能否學以致用的最佳方式？

   A. 多重選擇測驗

   B. 強迫選擇測驗

   C. 自我評量

   D. 實作作業

2. 何種測驗能判斷學生是否有能力從高中畢業？

   A. 標準化參照測驗

   B. 高風險性測驗

   C. 常模參照測驗

   D. 實作作業

3. 在常態分配中，落在兩個平均值標準差的分數百分比為何？

   A. 95%

   B. 90%

   C. 85%

   D. 97%

4. XYZ測驗公司對一群學生進行再測，主要是想要去了解同一群學生在第一次和第二次的測驗得分上的接近程度，他們想要考驗什麼？

   A. 效度

B. 成果表現

C. 信度

D. 偏見

5. 何時是使用集中量數的適切時機？

A. 當標準差為 0 時

B. 當分數為平均數時

C. 當眾數相同時

D. 當多數的分配落在同一分數時

6. 下列哪個項目可以反映出平均數的分配情形？

A. 標準差

B. 中數

C. 眾數

D. 效度

7. 為利於教學計畫，可以利用哪一種測驗來確認學生已習得哪些知識……

A. 常模參照測驗

B. 形成性評量

C. 強迫性選擇測驗

D. 性向測驗

8. 可以用來證明學生學習狀況的測驗稱為……

A. 總結性評量

B. 性向測驗

C. 效標參照測驗

D. 形成性評量

9. 馬丁學校盡力保證所有教學計畫的書面內容皆完全符合教室的教

學內容以及學校的測驗內容。此種行為稱為……

A. 能力

B. 以資料為基礎的決策

C. 基準點

D. 校對

10. 馬丁學校定期藉由觀察學生的測驗成績以判斷校內男女生的表現，以及大部分學生與少數者相較下的進步程度。此種做法稱為……

A. 避免偏見

B. 拆離型資料

C. 設立基準點

D. 真實評量

11. 馬丁學校的教師從學生的測驗分數、出席率和輟學率等獲得的資料以考量學生的需求，此種做法稱為……

A. 設定基準

B. 拆離型資料

C. 以資料為基礎的決策

D. 信度的使用

12. 馬丁學校檢視學生的測驗分數，特別對照男、女生通過競賽的測驗分數，此過程中他們可能會發現什麼？

A. 效度

B. 成就差距

C. 信度

D. 常模

13. 為檢測學生在某段時間內實做作業的進展，最可能採用何種類型的評量？

A. 檔案夾

B. 強迫選擇測驗

C. 成就測驗

D. 常模參照測驗

14. 為了測驗描述性的知識,教師最可能使用何種類型的評量?

A. 強迫選擇測驗

B. 檔案夾

C. 實作作業

D. 觀察

15. 為了測驗程序性的知識,教師最可能使用何種類型的評量?

A. 多重選擇測驗

B. 申論題

C. 是非測驗

D. 觀察

16. Conner 老師的學校位於某一州內,且該校每年對學生所採行的測驗都是採用國家的課程標準,此種做法常被視為⋯⋯

A. 評量

B. 真實性評量

C. 校對

D. 可描述性

17. 在 XYZ 測驗中,約 20% 的學生不及格,以及大約 20% 的學生表現良好,其餘學生的分數則介於兩者之間。這種狀況稱為⋯⋯

A. 信度

B. 效度

C. 常態分配

D. 標準化

18. 被應用在學習上的測量，稱為……

A. 信度

B. 評量

C. 評價

D. 效度

19. 下列何種類型的測驗最能嚴密的評量學生對國家規範的了解？

A. 標準化參照測驗

B. 性向測驗

C. 形成性評量

D. 常模參照測驗

20. 下列何者不屬於國家級的考試？

A. 形成性特質的測驗

B. 總結性特質的測驗

C. 內容標準為基礎的測驗

D. 表現標準為基礎的測驗

1

有關評量的相關決策

一般字典中對學習一詞的定義是簡單易懂的。簡單地說：所謂的學習就是意指有關於知識的汲取和理解。然而，許多世界頂尖的神經學專家在定義如何測量學生學習成效這一部分，有一段時期出現困難。為什麼呢？主要是因為許多重要的學習在那一時期並無法被測量，例如：所謂的思考行為的心智模式，我們的價值觀、信念、個體轉化的程度和深化的意義。

——Eric Jensen, *Completing the Puzzle*

無論我們喜歡與否，評量是我們真實生活的一部分。我們每天都根據我們所作的決定和我們執行這一些決定的方式被評量。我們透過大量的陳述性或程序性的知識測驗安排來評價學生的能力，並使用州或國家的標準作為校際間的比較。

許多關於測驗的爭論，主要是由於大多數採用州或國家的標準進行學生學習評量，而這一些測驗往往都是依賴陳述性的資訊（例如事實、方案、地點、人或姓名）而非程序性資訊（例如使用陳述性資訊

的能力）。許多教師認為陳述性資訊並無法真實地得知學生理解學習
內容的程度。儘管過去幾年來，測驗編製者於編製測驗部分已有重要
的進展，然而，若要藉由標準測驗來測量程序性知識是困難的。許多
有關測驗的爭論大都是因為大部分的測驗都是使用州或國家標準來進
行評量，所測量的大多是陳述性知識。但大多數的標準測驗，其實仍
無法真正地測驗出學生將所學的知識應用於實際生活中的程度。

陳述性知識和程序性知識測驗

陳述性知識是根據事實而來的資料，而這是每一學科課程的一部
分。陳述性知識是指學生知道事實、日期、姓名、概念等知識內容，
例如：陳述性知識課程的目標可能是：「學生將知道檢查減法算式必
要的步驟。」但學生可以記下並藉由紙本或口頭方式重複這一減法步
驟的陳述標準，並不代表他們可以實際操作這一些步驟。某種程度可
以使用這一些知識在程序性目標類別上，例如：程序性目標可能說：
「學生將在一指定問題上，執行檢查減法算式必要的步驟。」

因為現階段大多數的測驗類別是陳述性的，而非程序性的，因此
我認為有必要先作一區辨。僅僅只能寫出減法算式的步驟並不代表學
生已經理解或可以應用它們了，猶如 Jensen（1997）所說的：我們目
前仍無法知道學生是否已有一如何執行知識的心智模式。就此而言，
我們無法得知學生實際上是否已真正理解他們所學到的事實性知識。
如同我們所說的有意義的評量一樣，這是一種重要的區辨。什麼評量
結果才是我們真正想要知道的？我們是想要知道學生是否已經知道這
一些減法了呢？或是我們想要知道學生是否可以有意義的運用這一些
減法算式步驟？或是上述兩者都是？

評量的設計

我們面臨到一個困境，那就是教師如何設計出一評量方式，而此評量方式將可以告知我們學生對所學到的知識的理解程度。許多時候，班級評量往往都只是依賴紙筆測量，而這只是呈現出學習原理原則表象上理解的一部分而已。然而，我們如何設計出一個可以有效測量出學生對所學習內容之理解程度的測量工具呢？

當我們設計班級評量時，我們必須先回答一系列的問題。

對學生來說，哪些知識對學生來說是重要且應該知道，並且他們也能夠去做的？這一個問題不僅僅只是關於評定某一特定年級程度的知識或是某科目之學習成果而已，而是要更深入的去問「哪些是學生在實際生活實踐中應該知道且能夠去做的」。Wiggins 和 McTighe（1998）指出學習應該有一「超脫於教室之外的持久價值性」。這意指為何？評量應超越確定已知事實、日期、倍數和公式，提供有關學生已經知道什麼且是否可以應用這一些知識於真實生活情境中之資訊。

此知識和過程對某學科來說是極重要的嗎？就教授文學作品這一學科之核心內容來說，陳述性知識的評量（能夠定義各種文學作品及其特徵）和程序性知識（能夠書寫各種類型的文學的作品）是重要的。在發展評量工具的初期階段，使用陳述性和程序性編排形式的評量是重要的。所有的學生僅僅只是重複已習得的資訊或知識其實是不夠的，我們必須要求學生可以應用這一些知識使自己變成優質公民、更優秀的讀者、更有效能的領導者及更具生產力及成功特質的成年人。

我們將如何得知學生對所學習內容的理解狀況？我們都有閱讀書本，且對所閱讀到的內容感到疑惑的經驗。可能在我們對所讀到、聽到或討論的內容並未真正理解之前，想法感到亂時，即已展開行動

了。因此，教師如何設計出一可以測量出學生學習重點的評量是重要的。學生可能存有哪些錯誤的迷思？哪些重要的原理原則或概念可能被遺漏？有哪些證據可以支持所評量的題項內容確實都已經在前面有教過（而非僅是做一簡介而已）？且這些被評量的題項中，哪些是與學生過去的課程學習經驗有關，對其認知與理解是重要的？有哪些陳述性和程序性的目標是可以直接被評量的？

另外，對於用來測量學生是否理解其學習狀況的測量方法，應考慮其信、效度。不管此測量工具是依據班級、轄區、州或國家標準來訂定的，其信度和效度是此測量工具是否可以有效地評量出學生學習成果之重要關鍵。假使一個評量無法精確地測量出我們想要了解學生對於所學習內容是否已經理解且能夠去執行時，那此一評量即是缺乏效度。我們可以說，我們僅僅只是經歷過這一評量的歷程而已，為此測驗而教學而已。但這一個評量其實是缺乏效度的。信度乃是依據資訊的來源，需考量測驗是否會受制於課程、本土化、州或國家標準等限？而這一些被用來評量的知識內容和過程必須充分地被教導，致使學生可以成功地應用它們在這一學科之任何測驗上。我們想要讓學生可以從利用「直覺（gotchas）」方式來回應那些並未真正被教導過的測驗內容的模式中脫離。

評量是由書面與教學課程所組成的嗎？圖 1.1 顯示出評量應該是由書面與教學課程所組合而成的。我們常常可以看到像圖 1.1 的模型，但是不管是教師、主管課程，都很少真正去深思此模型所要傳達的意涵。

讓我們來看一簡單的測驗題，並依據在這之前我曾跟大家提及的，有關如何創造出一好的評量工具之觀點來分析它。

圖 1.1　課程組合

假設一個關於《大亨小傳》（*The Great Gatsby*）的特定問題問到：「對 Gatsby 來說，Nick 是一真正的朋友嗎？並請說出你如何認為是這一答案的理由為何。」表面上看來，這是一個大問題，因為它要求學生從所閱讀的故事線索中做出推論，不僅要將所擷取的資訊轉化為自己的觀點，且要能夠為自己的答案提出解釋。然而，我們必須先回答一些問題以確認此一問題是否適當。這一個問題是否可以追溯到先前已經寫下要求學生做出推論，能夠解釋或提出某些觀點之課程目標？學生已經知道課程目標並知道如何達成？提供給學生的課程目標是透過書面形式、或是透過班級情境佈置的方式使學生可以看見預期中的事物呢？文章章節的標題是學習目標的一部分嗎？是否有教導學生如何做出推論、解釋或如何提出自己的觀點呢？若其中有任一題的答案是「不」，那麼這一個評量就並非是由書面（written）和講授（taught）課程所組成的。當我們用來評量學生的策略或資訊並非是書面的或講授課程的一部分時，我們把這一測驗問題叫作「直覺式（gotcha）」。一份好的評量應擺脫「直覺式」的形式，而是應由書面形式的目標與講授的目標所組合而成的。

在我的教學活動中，我對學生的學習評量內容，從未超出過任何我未明確地告知他們將在此一學習活動中，我預期他們將學習到的事

物範圍的矩陣或評量指標之外，而這一觀念徹底翻轉我們對於學生在國家評量活動中的最低臨界點的成就標準之看法。其中，最大的不同是我們給予學生們一矩陣，矩陣中將明確地告知他們哪些是我們期待看到的結果——且我們會提前將此矩陣交給他們。至於如何建構一矩陣或評量指標，我們將在第三章中再進一步討論之。

建構與大腦相容的評量

雖然，即使在非正式的評量中，我們往往仍無法完全地排除個體因為受試所引發的焦慮感和神經質狀態對評量結果的影響。然而，我們其實是可以成功地降低受試者的焦慮程度。首先，我們先確認評量組合中包含書面、教學和測驗課程，在此狀態下，我們從「直覺式」脫離，且幾乎達到可以真正評量出對我們的學生來說，哪些是重要且應該知道並能夠去做的事。

第二，我們可以透過提供學生足夠的學習時間與同時使用集體練習（例如：安排一簡短的練習時間）和安排超過一堂課的練習時間。例如身為一位教師，我可以先介紹一個概念，且利用團體討論的方式和學生針對此概念進行為期三天的討論。我清楚的知道如果我及時複習這一概念，學生將更可能記得這概念並可以進一步運用他們在此概念中所學習到的資訊。

第三，我們可以藉由提供學生足夠的練習時間和提供可以支持他們應用所學資訊的必要技能。在引導學生們獨自練習之前，老師必須要先提供學生有當著老師面前練習的機會——特別是當學生獨自練習的內容將會被評量時，例如家庭作業。中區地方性教育實驗室（Mid-continent Regional Educational Laboratory, McREL）（Marzano, 1998）的研究結果指出：若可以給予學生機會練習他所學習到的資訊，且教

師可以給予特別的回饋時，這對於學生的學習成效將有相當高的助益。

　　假使教師提供學生足夠且次數頻繁的回饋，是為了要讓學生可以完成一策略或演算法所必須的程序目標時，那練習將會是唯一有效的策略。回饋並非僅是簡單的說：「做的好。」回饋應該是特別的，且兼具診斷（diagnostic）和具時效性的（prescriptive）。告訴學生他們哪些做對了，而哪些需要再繼續努力，並建議他們可以在過程中如何嘗試做一些改變。Marzano（1998）發現在學生的學習階段給予一些特定的回饋，對他的學習是深具影響力的。它可以逐步地讓學生從失敗邊緣轉移至成功的境界。

 ## 指引

　　Jensen（1997）提出七個幫助我們可以建構與腦相容的評量之關鍵因素，且根據這些問題，提供了一指導方針。

　　若就學習結果而言，這一些被觀察的行為發生改變了嗎？學生表現出主動參與學習活動，且當他們被允許可以選擇自己被評量的方式時，他們感到興奮且專注，並傾向用自己喜愛的方式進行（聽覺的、視覺的或動覺的方式）。例如當我給成年人一個數學問題時，我允許他們可以選擇用自己喜愛的方式來解答此數學問題，我告訴視覺型的學生可以把答案畫下來；動覺型的學生可以用表演的方式將解答表演出來；而聽覺型的學生則可以著力在公式的探索上。我知道長時間的評量是無法表現好的，但有趣的是，平時（day-to-day）評量卻反而可以清楚觀察到學生是如何產出答案的。藉由觀察學生的行動，我可以用來決定哪些是學生偏愛的學習和評量方式，可以幫助身為教師的我，讓學生的學習更具意義化。當我額外給予學生選擇自己較偏愛的學習和評量方式時，更多的學生表示他們對於學習內容感到更容易理

解。

我們對於學生較喜愛的學習和評量等方式，是否能了解其個別化差異，以促進他們的學習？我喜歡對我的學生針對我所教學的內容進行前後測——評量的並非事實性的內容，而是關於他們對事件的態度（attitude）與看法。有時候此種測驗被稱作是趨勢調查（climate surveys），例如測驗是用來探究可能潛藏的偏見，或是用來評估學生對接下來即將要學習的內容是否存有恐懼的極佳評量工具，且它們也可以幫助教師確認接下來學生適合學習的內容。學生的自我效能感——此效能感主要是根據學生過去的學習成功經驗而來的——其中最重要面向之一是要獲得和維持學生的注意力。自我效能有別於自尊，因為自我效能是建立在事實面，而非僅僅是希望面。根據我的趨勢調查發現，我可以決定哪些學生是需要協助其建立所學習內容之自我效能感。若學生對評量有較正向的經驗，那他將對所學習的內容擁有較佳的自我效能感。

學生是否擁有理性的思考？若學生對於所學習內容具有較理性的思考，那麼將更有可能有能力將在某一學科所習得的知識轉化至另一學科。他們也將有更大的視野能理解到知識可以如何運用於真實世界情境中。好的教學和測驗將引導學生有更理性的思考能力。

心智模式的品質為何？根據Jensen（1998）提出：「一個有關思考途徑的心智模式，也是一組描述如何運作某事的組織原則（當我們都參與其中時，這具民主意涵的工作將會更好）。……在學校中，建構心智模式最好的方法是透過圖像、訪談、組織圖、方案、示範、演說和角色扮演。」學生若是理解教學內容時，他們應該可以在評量時清楚展示與描述性和程序性目標有關的心智模式。

學生展現了個人性的關聯和整合嗎？當學生擁有真正的理解時，

他們不是透過與學習有關的同理、範例，就是應用與學習或真實世界有關的例子，將其所學應用於己身。我們應該直接教學生學習對他們來說是極具個人性的。Marzano（1998）發現當我們將學生的學習與其自身已有的經驗作一連結時，對學生的學習將具驚人的影響力。

學生知道的策略和技能是什麼？學生展現了與程序性知識有關的策略和技巧時，這些策略應該被深植且成為習慣（例如學生應該可以在沒有許多刻意之教導安排下實踐它們）。例如學生不用費太多的心力就可以將他所知道的乘法運算法策略應用出來；不需要很專注就知道怎樣使用一個本生燈；毫不費力地就可以用他所知道的第二語言回答問題。

我們如何確認學生對其所學習的內容是否已經精熟了？學生必須真正精熟課程內容，知道自己已習得哪些知識，及他們是如何獲得到這些知識的。Jensen（1997）說：

> 死背公式的數學和零碎的事實其價值性很低。取而代之，評估學生對大圖像的理解程度，例如：學生是否會運用線條和範例等概念來解題？幫助你的學生明白線條在他們的生活中是重要的。

組合和標準

若根據你的國家所訂定的標準來看待你的教學和測驗的組合時，下列的練習可能有幫助。連結國家教育網站並且搜尋有關國家考試的資訊，大多數國家的教育部門都可以使用列這一公式搜尋到：www.（國家的第一個字母後加上 ea 或 de）.state.（國家縮寫）.us。例如美國德州教育全球資訊網的網址是：www.tea.state.tx.us；美國奧勒岡州教育全球資訊網的網址是：www.ode.state.or.us。但並非所有的國家都

是跟隨此模式的，你可以應用搜尋引擎搜尋到自己國家的教育相關資訊，例如Google（www.google.com），也可以利用鍵入你的國家名稱加上教育部（Department of Education）關鍵詞進行搜尋。

　　一旦你已經發現國家所需的教育網站，試著找到最適合自己的等級程度或學科範圍，或最適合你年級的測驗。如果你所教的範圍與所測驗的內容並無直接相關性，選擇閱讀最接近於你所教的那個的等級水準的標準。接下來，選擇三個包含在國家測驗內的目標。我們先前已經提過所有的評量應該由書面和講授課程組合而成：你可以組合這三個自己選擇的國家或學校書面課程的目標嗎？而這些資訊將何時及用何種方式教給學生呢？

　　總而言之，我們無法針對我們所教的內容全部進行測驗或評量，因此，我們必須決定哪些教學內容是重要且值得加以評量是重要的，而哪些資訊是學生需要知道且能夠透過身體力行來實踐的。

　　大多數研究者在評量領域中需要反向的教學設計；換言之，他們建議教師一開始就將學習結果放在心上，當在進行課程規劃時，一開始就要跟隨著評量。哪一類型的內容將被你用來作為評量此一課程的學習結果？什麼是你想要學生在這一學習活動後可以展現給你看的？哪些是你想要讓他們知道的？從資訊、國家目標，建構學習的陳述性和程序性目標，接下來，提供一矩陣或評量指標告知學生，就教學目標來說，哪些是在你預期中想看到的。最後，核對評量是否由課程目標、教學活動和評量工具三者組合而成。如果沒有，那麼這一評量即是「直覺式」。

2

辨識和提升學生的理解

讓我們將心力聚焦在決定出哪些評量是更重要的，其重要性將更甚於我們將心力放在探討有哪些內容是要被測量的。

在學習活動中，即使我們清楚最佳的學習往往是很耗費時間的，但立即的、明確的、可測量的結果往往仍是常被教師所期待。

——Eric Jensen, *Completing the Puzzle*

作為教師最困難的任務之一，就是要針對學生的學習狀況進行評量。我們如何知道學生何時擁有充分的知識和理解，及一個成功學習活動所必須的技巧呢？簡言之，我們如何知道我們的學生已經知道些什麼了呢？

核對學生理解程度之傳統性想法

標準化測驗是教師會議中唯一常常被提及，且往往因此引發激烈爭議的議題。為了提高學生在其所就讀年段的某些學科分數，現階段每一個國家皆已發展出一標準化測驗，具體指陳出有哪些理解能力是

學生必須展現出來的。雖然這些標準化測驗應該是屬於單一的測驗，但若是學生第一次對這些測驗內容並不精熟、表現不理想時，那他們可能就不止一次被施以這些測驗。測驗公司和統計學家們早就使用各式各樣的方法來確定學生的能力及其理解程度了。我們對於鐘形曲線皆不感陌生，它們意謂著通常所有的分數都落在距離平均數兩個標準差內之事實——因此，這群組圍繞著這鐘形的中央，中心傾向測量被用來確認「學生之平均表現結果」（average student）。

讓我們來看看同一份考試，實施在同一班級 20 位學生的分數分布狀況（參閱表 2.1）。

表 2.1　班級 20 位學生的分數分布狀況

Angelo, M.	85	Martinez, R.	62
Appleby, K.	35	Massey, J.	44
Betts, L.	99	Natori, S.	68
Blake, L.	97	Neal, P.	85
Cho, T.	92	Openheimer, L.	85
Drake, M.	97	Percy, M.	60
Edgar, K.	38	Robbins, C.	85
Franks, P.	77	Timmons, M.	81
Klinger, C.	85	Watson, S.	54
Lord, E.	66	Wilson, P.	80

註：分數由最高至最低依序排列。
平均數為 73.5
中位數（分數分布的中間點）＝ 80.5
眾數（最常出現的分數）＝ 85

　　藉由我們把所有的分數加起來，再除以 20（所有參加此次施測的學生數），我們能夠確認平均數是 73.5。通常，我們使用這一平均分數來決定這一班級普遍的平均表現為何。然而，在我們虛構的學校之得分狀況中，有幾位學生之得分狀況極高，有一部分學生之得分狀況卻非常低。就得分狀況來說，同時有得分非常高和得分非常低的兩個群組存在。中位數常被當作猶如平均數使用，但其實它並不是平均數。要找到一組分數的中位數，必須要將所有的分數從高至低排列，再辨識出中間分數。在此例子中，其中位數之分數為 80.5，眾數是所有分數中分配次數最多的。而在這一組分數中，眾數是 85。

　　就腦部研究而論，一個更適當的測驗可以看出每一個學生個別化狀況，確認他們是否有充足的發展。附加的評量必須要去考慮到其他可以幫助學生的觀點。我記得有一位特別的一年級學生，他在閱讀上有困難。他的媽媽曾經跟醫生、教育學者和心理學家談過，試著想要確認為何這孩子無法閱讀。其中有一些建議要他的父母承認是因為他的孩子是因為懶惰和不想閱讀所造成的，我已經在教育界服務許久，我從不知道一年級的學生會單純因為懶惰而無法閱讀。

　　當我們針對一年級的學生進行視覺測驗，我注意到這孩子無法說出任何有弧線形狀的字母。我拿一些卡片，上面畫有一些圓形的圖片，看看這一孩子是否可以辨識這一些圖形。再一次，他並無法辨識任何有弧線的圖形。我與特殊教育部對話，且與他的母親討論我所觀察到的現象，這孩子的母親帶他去看眼科醫生，診斷出這是相當稀少的眼睛疾患，他適合配戴特殊的眼鏡來矯正這個問題。第二天，當他回到學校，他第一次順利閱讀，其他的同學立刻掌聲喝采。

　　在我的班上，我留意一系列有關我每位學生的訊息，藉以確認若就其年齡和成熟度來看，他們是否符合期待的發展進度，且我亦留意

男、女生的進度狀況。我發現——無論是未成年團體、種族團體或是某特定的團體，例如高風險學生——他們的進步情形往往落後於預期中符合他們年齡和階段的標準。我已經發現若從學生個別化的發展來看其能力表現，其實將比從平均數或是中位數來看是一更佳的指標。我相信他們在學校的考試分數是好的——直至我們打破他們的界限並進入了他們的團體，且看見有些團體其實並沒有進展，而這些並無進步的團體經常不是青少年團體就是高風險學生。

當我第一次將所有班級或學校成功標準設定在100%時，一些鄰近的行政者說我這樣的標準設立是失敗的，但是如果你想設立一較低的標準——比如說80%——你就必須要問：「哪些學生是在20%以內的？」如同我的朋友說：「這20%的孩子，到底是你的孩子？抑或是我的孩子呢？」受害者（casualties）的說法是對的，除非你是他們其中的一員，順便一提，在這間我的學校，我們將精熟程度的標準設定在100%，在三年內，我們在閱讀方面的精熟的程度達到100%；在書寫方面的精熟程度達100%；在數學方面的精熟程度達99%——且50%的學生在午餐方面是免費的或是獲得減免的。

如何確認學生是否理解？

我常在一個章節或單元學習結束時實施評量，發現學生只有在當時的測驗時表現是好的，但在一週後卻發現其實他們並沒有真正知道或理解這些資訊。我們如何確認學生並非僅僅只是在測驗當時記憶這一些資訊，然後很快就忘記了，或許從一開始他們根本就從不曾理解過它們。或許他們可以在工作記憶中維持這一些資訊夠久的時間，並將其寫在測驗紙上。然而，因為他們並未進一步處理這一些資訊，因此大腦很快就遺忘這些訊息。

Jensen（1997）舉了一個人想要利用電話簿查詢一個電話號碼的例子，他藉由在撥打此電話號碼時，重複唸誦這支電話號碼並在工作記憶區中記下這一號碼。但是如果當他正在按這一號碼的同時，突然有一位同事從他身旁經過並問了他一個問題，這個意外讓他忘記了這組號碼，且需要重新去查詢它，此一類似的情節很常發生在教室中。我們如何確認學生是否已經確實理解這一些資訊，以致於可以將這些資訊應用於實際生活中呢？Wiggins 和 McTighe（1998）提供了六個可以讓我們用來確認學生是否已真正知道、理解並可以將學應用於生活中的測量方法。現在，讓我們來看看這所謂的「理解的六個面向」（six facets of understanding）」，並學習如何依據它們來幫助我們建構更好的評量方法。

解釋

一個學生若是理解了，他就能解釋。學生會使用他們的語言重複他們對所學內容的理解及其意義，並且可以提供批判觀點。這意謂著學生可以根據證據增加解釋的覺察和合理性；可以提出較具深度的解釋，而非簡單或膚淺的資訊而已；在解釋此一資訊時，將不會犯與此一資訊相關常見的錯誤，且將知道如何根據事實，非僅是憑藉個人觀點作預測而已。學生能解釋超越這表面的知識，進而去定義為什麼和如何：學生不只知道第二次世界大戰這個事實，且知道它是如何發生的。Wiggins 和 McTighe（1998）提供了一個例子：「一個學生比某些學生可透過物質表面上的差異，解釋為什麼水蒸汽、水、冰是由相同的 H_2O 所組合而成的化學物質，展現出對 H_2O 有更深入的理解。」

可以幫助學生發展解釋能力的教學策略包括了：

- 提供將學習與學生語彙結合的機會。直接教導學生如何改述；如何應用這個學習材料，以及使用其他常見的共通語彙。

- 要求學生將今天或是在這個學習單元中所學習到的內容摘述出來，然後再要求他們告訴你，他們在這一學習活動中獲得了哪些資訊。

- 透過習題演練的機會要求學生練習預測，並且引導他們立基於對其預測有利的證據上進行論述，藉以支持、證實自己的預測，而非僅僅只是憑藉「我認為」或是「我覺得」的想法而已。在這個部分，我使用了一個稱為「預測樹」（Prediction Tree）的工具來教導學生這一方面的技巧。茲如圖 2.1 所示，例子中說明了 Mona Gardner 如何在預測樹的第二層級的部分，透過精采的「晚宴」（The Dinner Party）短篇故事進行教學。而這個教學技巧亦可以應用在一些基礎科目（elementary books）上。

至於我們可以如何應用這個評量問話，來幫助教師知道學生是否已經有能力可以應用學習材料進行解釋了嗎？關於這一部分，我有一些想法茲呈現如下：

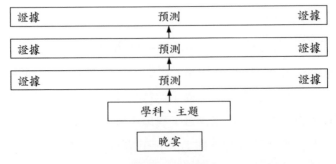

圖 2.1　預測樹

- 要求學生寫下或舉例說明他們將如何教導新生解決問題、完成
  實驗、詳述一本書或是逐步引導學生閱讀，使新生可以達到充
  分地理解程度。
- 依循最初的問題，例如：「你如何……？」接著進一步探問：
  「為什麼？」或「你是如何知道的？」
- 藉由發問技巧，要求你的學生必須向你證明他的想法是正確的。

Wiggins 和 McTighe（1998）建議教師若使用這一類別的評量問
句問學生時，可以盡量使用：解釋（explain）、判斷（justify）、類
化（generalize）、預測（predict）、支持（support）、多樣化（ver-
ify）、證明（prove）和根據（substantiate）等動詞。

理解

學生可以在閱讀與解釋間多提供一些額外的訊息和看似可信的資
訊。根據 Wiggins 和 McTighe（1998）的說法：「若要提升學生解釋
的能力，提供其史學和傳記的背景，將可以幫助學生更容易舉出易於
被人理解與更貼切的想法。」

幫助學生發展解釋技巧的教學策略包括了：

- 使用學習日誌（learning logs），請學生記錄下針對教學相關問
  題所做出的回應內容。
- 使用互動日誌，藉由學習日誌和透過學生所提供的資訊和觀點
  產生互動，且是一個發展解釋技巧的極佳工具。如圖 2.2 所示，
  其呈現伴隨著適當問句的多項式數學課程，引導學生針對與此
  一數學課程有關的問題做出回應。且我認為此一工具是可以廣
  泛適用於各個學科與各個年段的。

請問有四個邊的圖形叫做什麼？茲請畫出三個圖例。	有四個邊的圖形叫做「四邊形」，例如： 
請問這是梯形嗎？ 你是如何知道的？	是的，因為它只有一組平行的邊。 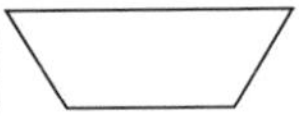
一個長方形亦可以被歸類為……	四邊形和平行四邊形。
下列這一個例子呢？ 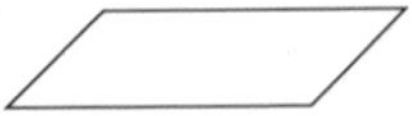	也叫做平行四邊形和四邊形。

圖 2.2　互動日誌

- 提供學生藉由故事化形式，或是藉由其他學生所熟悉的內容來脈絡化（contextualize）其學習。「我們必須要教育學生像成年人一樣自主勤奮地去執行，且需教育他們如何建構故事並加以解釋，而非僅是被動地接受安排。他們必須要明白知識是由主體所建構出來的」（Wiggins & McTighe, 1998）。

- 最後，在課程或單元即將結束的時候，提供學生說出自己在這學習歷程中他學到了什麼，同時也要指出自己在學習此課程或單元前、後的差異變化為何。

我們如何評量學生的解釋能力呢？我們可以運用我們用來教導此技巧的同樣工具來進行評量。除此之外，我們可以：

- 提供學生運用故事敘說的形式，將他所學習到的內容用文字書寫或是口頭解釋方式呈現出來。

- 透由評量的過程，嘗試引導學生說出此一學習歷程與他個人的

關聯性為何。

- 探問學生：「此一學習歷程意謂著什麼？」或「此學習歷程為何重要？」

應用

學生擁有可以轉化原先版本或情境資訊至另一種版本或形式資訊的應用能力，甚至他們還可以加以延伸或應用此能力至另一新的途徑上——那就是，在某種意義上創新發明，例如 Piaget……「要有領會就必須有創發」（To understand is to invent）（Wiggins & McTighe, 1998）。事實上，Piaget（1973）認為真正的理解是透過應用的過程，包括知識創造力的應用，他說：「真正的理解是藉由個體產生新的自發性並加將其以應用、顯現出來。」

協助學生發展「應用」能力的教學策略，包括：

- 透過提供學生在真實世界脈絡學習的應用模式，或引導學生探究、理解此一資訊是如何被應用在真實情境中，且這些學生回到教室情境時，必須進一步問他們：「究竟哪些時候我們將會使用到這一個資訊？」關鍵性問題為：他們為何要學習這一資訊。

- 使用以操作為基礎的（performance-based）學習，亦即提供一個讓學生可以有意義化使用資訊的機會。

- 由學生自己寫下他們預定如何將所學習到的資訊應用到新情境的目標，而非僅是一味地由教師來設定。例如：在數學有關「角度」這一單元的學習之後，與學生談論「角度」在社區中的應用為何。學生可以在獨立自主的學習方案中，針對事先設定好的三角停車場建築的角度進行調查工作（與國家公共安全

部門合作）。

我們如何評量學生應用知識的能力，我們可以：

- 提供學生創造能獨立自主調查真實世界的學習方案機會。
- 詢問學生他們將如何應用資訊。
- 要求學生「命名」，亦即要求學生針對已運用在真實世界的特定情境或技巧，或是將用於未來情境的技巧「命名」。
- 提供針對延伸活動的評量機會。

正確地理解

若是學生擁有正確的觀點，他們即能夠判斷哪一個才是正確的觀點，且能夠將此一資訊鑲嵌在正確的脈絡中。根據 Wiggins 和 McTighe（1998）的說法，學生可以：「推論的建立，必須立基在有根據的概念或理論上；而且清楚此概念也和其影響力一樣，有其限制存在；亦能夠識破存在於論述與語言中的偏見、偏頗或意識型態；且亦可以理解和解釋此一概念的重要性及其價值為何。」

教師可以用來幫助學生發展正確地理解此一能力的教學策略有：

- 提供學生從不同的觀點來理解資訊。其中的可行方法之一為我透過參與「波士頓茶葉黨」的過程來教授此一技巧。目前我教授的中等學校的學生被邀請到茶會，但並非是在邀請卡上列舉他們的名字，而是我提供實際參與此活動的參與者姓名（例如：其中一位學生可能受邀於 Quaker Fracis Rotch；另一個可能受邀於 John Adams，以此類推）。學生得以進入一個較小的團體中，且每一個成員都擁有相同的特性，且在整個課程期間，他們必須展現他們的人格特質（教師則根據每一個學生的特質、角色和信念提供訊息），且依據他們的特質來解釋每一

件事情。

- 提供學生一個猶如外人般的中立立場來看待此資訊的機會，例如：一個新聞報導者就如同你在每一個團體被指派的角色一樣，他的報導必須要中立，多面向地提供與此一議題有關的資訊，且其所提供的資訊必須是依據事實而來的。

- 幫助學生在解釋與假設間產生關聯性，提供學生一建立與驗證自己假設的機會。

- 應用豐富的媒體教材幫助學生理解解釋的作用，例如：時代生活雜誌有精采的文章和 CD-ROM，我們稱作：《中斷廣播》（*We Interrupt This Broadcast*），我們提供學生廣播內容的實際影像，亦即當廣播員正在播報新聞時，我們可以同時一邊聽、一邊看。

- 從各種不同的觀點閱讀資訊。**John Hersey** 所撰寫的《日本廣島》（*Hiroshima*）一書是第一部書寫成新聞故事形式的書籍。閱讀這本書籍以確定他所提供的資訊是否存有偏見或批評指責。在小學的班級中，《三隻小豬的真實故事》（*The Ture Story of the Three Pigs as Told by A. Wolfe*）一書中，大野狼是我們用來討論觀點、看法的重要媒介，我亦將這一本書應用在中學生和大學生身上，因為它聽起來就像是晨報中提及的某事一樣：「這全都是一場誤會；我並不是故意要這樣做的。」

我們要如何測驗學生提供各種觀點的能力，我們可以依循以下的步驟：

- 藉由探問問題的過程，要求學生從各種不同的觀點來看待資料或資訊。工廠工人和環保組織對污染議題的觀點不一樣嗎？他們各自所持的觀點為何？為什麼？有哪些不一樣的觀點？

- 詢問學生支持此一想法的可信度為何。
- 詢問學生一個活動是否具正當性或被允許的。
- 要求學生針對你所提供的一篇報導，試從各種不同的觀點進行改寫。

同理論證

　　學生若擁有同理的能力就比較能設身處地的感受到與別人的處境，並較能理解別人的觀點，甚至儘管學生無法同意別人的信念或觀點時，他們亦比較能理解為何別人如此主張或行動的理由到底為何。如同 Steven Covey 所言，學生應具備理解及被理解的能力。

　　可以用來幫助學生發展同理論證的能力之教學策略有：

- 提供學習機會讓學生嘗試穿別人的鞋。在科學方面，提供有關愛因斯坦的背景和其所處時代的相關資訊，然後討論他為何有如此傑出的主張，且其主張至今仍尚未被推翻——這樣的討論並非立基於你真實生活的年代，而是假設你目前正處於那個年代。
- 使用類似像《如果你生活在五月花號上》（*If You Had Lived on the Mayflower*）這一類的書，來幫助基礎教育的學生來建立同理的特性。
- 讓學生從小即接觸歌劇、芭蕾舞、交響樂等表演活動，傾聽藝術作品並詮釋接下來即將發生什麼，然後帶領他們針對實際的事物進行實地考察工作。
- 討論為何早期的騎馬活動是危險的，且人類常因騎馬受到傷害。有學生（透過電腦技術）設計並建構了一個示範身體在各種不同間隔距離間所存在的危險為何的安全騎馬活動。

我們如何測量學生的同理能力？我們可以：

- 我們可以詢問學生，當藝術家在書寫、繪畫或創作音樂時，他的感受與所見聞。
- 詢問學生為何人們會對他們做出如此的反應。
- 詢問學生自己與其他人的觀點有什麼不一樣的地方，然後要求學生嘗試從他人的觀點來解釋此一現象。
- 要求學生針對此一議題提出超過一個以上的觀點。

展現自我覺知

學生若擁有自我覺知的能力，他們將會對自己所擁有的想法、偏見、感覺、優勢及弱點等有清楚的認知。他們可以如實地辨識事物特質且能夠在沒有防衛與狀況下進行評論或回饋。諸如此類的學生往往在後設認知的部分會有較佳的表現，且於過程中自我增能。

幫助學生發展自我覺知這一部分能力的教學技巧有：

- 直接教導學生有關自我覺知的能力，尤其是依據情緒智力及學生學習引導確認哪些訊息是重要的能力。
- 使用學習日誌或其他類型的媒體，引導學生將其想法或見解寫下來，或藉由語言表述出來。
- 使用教學技巧提供學生想法，例如：Socratic 詰問法或 Quaker 教友的對話〔討論《所有教師都應該知道的事——有效的教學策略》（Tileston, 2004a）〕。
- 提供學生對於所學內容做出反應的機會。我喜歡以「角度思考」一詞作為介紹此概念的工具。圖 2.3 是一個描述四邊形的角度思考的例子。學生舉出事實且隨後被要求提供他們對同樣資訊的想法為何。

某些四邊形可能使用一種以上的幾何條件加以描述之。

某些形狀根據其特性可能有超過一種以上的定義。例如：梯形是一個只有一對平行的邊的四邊形。而平行四邊形亦可以稱作是四邊形，也可叫做平行四邊形。一個正方形則可以叫做正方形，亦可以叫做矩形、四邊形和平行四邊形。

圖 2.3　角度思考

我們如何測驗學生的自我覺知能力呢？我們可以依循：

- 詢問學生當他們在學習此一特定議題時，他的背景與經驗是如何影響著他們的想法。
- 要求學生確認他們自己所擁有的「優勢」（strengths）與「劣勢」（weaknesses）各是為何。
- 使用對照與反比的活動（compare-and-contrast activities）幫助學生辨識自己與他人在想法、信念和偏見等面向的相似與相異處。
- 提供學生自我評估（self-assess）工作表現的機會。

運用大腦相關研究提升檢索能力

　　社會大眾傾向於定義聰明的人可以較快速接收訊息，且亦能較迅速且有效地擷取到所需要的資訊。接下來，有關智力這一部分，我們可以藉由提升學生的「靈敏度」（smartness）來幫助他們可以更有效

率地接收並提取他們所需的相關訊息。而想要達到此目標的關鍵點則在於大腦的記憶系統。

語意記憶

語意記憶（semantic memory）是記憶系統中最常被應用在班級教學中的一部分，且它是三個最沒有效率的腦部運作系統，造成此種現象的原因之一，即是學生常忘記他們課堂中教師所傳授的訊息。語意記憶系統主要是有關以文字方式呈現的事實性訊息、語彙、慣用語句、人類和課程教材等訊息的貯存與提取活動為主。有時候，我亦將其稱為「陳述性或語言記憶」（declarative or linguistic memory），而此一系統主要是藉由聯想（associations）、相似處（similarities）和相異處（differences）等方式運作的。

運用語意進行學習活動，學生必須有高的自發性內在動力，且必須找到一與新訊息相關的聯想物。他們也必須要透過列舉方式說出此一訊息的意義為何。所謂的列舉活動，並非僅是指機械式的死記技術而已，而是要應用一些方法來幫助學生記憶。

教師也可以藉由提供一大腦的掛勾來幫助學生記憶訊息。例如：假若教師想幫助學生記憶北美五大湖的名稱，教師常使用「HOMES」的記憶符號來代表五大湖的名字：休倫胡（Huron）、安大略湖（Ontario）、密西根州湖（Michigan）、艾力克湖（Eric）和休皮里耳湖（Superior）。如果你教給學生非常大量的事實性知識時，你必須使用一些教學技巧來幫助學生的記憶和提取訊息。

心智圖。自古以來，大部分的學生都是屬於視覺型的學生，他們靠視覺組織來幫助他們學習與記憶（例如：非語言）。當他們接受傳統的測驗方式時，學生可能會藉由心智圖所提供的訊息來幫助他們正

確地回應問題，例如：教授有關爬蟲類課程時，教師可以要求學生嘗試畫出有關爬蟲類屬性的心智圖。當學生接受傳統紙筆測驗時，他們可以在測驗紙的背面重新創作心智圖，這樣做可能有助許多學生回答有關爬蟲類屬性的問題。因為至少有 87% 的學生在學習活動過程中是傾向於視覺的、動覺的、或聯合的學習風格。而心智圖的特性有考量到大腦的特性，是一適合大腦的學習典型。

用語言的表現方式。將學生予以配對，並藉由教導新知識時讓他們彼此練習。因為我們對於自己傳授給別人的資訊大約可記取 95% 左右。因此，這是一個可以幫助我們將訊息變成長期記憶的有效方法。如果你傾向於喜歡用講述的教學方式，請停止此一方式，並試著引導學生利用語言的表現方式彼此練習重複訊息。同時約僅有少於 20% 左右的學生是屬於聽覺型的而已，因此，顯然大約有 87% 左右的學生是不適合直接講述的教學方式。

探問策略。藉由提問技巧協助學生將所學到的知識產生關聯性是重要的。如果學生無法將所學的知識彼此產生關聯性，則大腦要將其所接收的訊息記憶起來是困難的。而問題來源可以來自於教師，亦可能是來自於學生。如果學生被教導要中斷他們的閱讀，並要求提問問題，或嘗試對自己或對某個人分享他所讀到的內容時，學生將會變得更有讀寫能力。

摘要。將資訊放進一個可管理的區塊中，幫助學生記取訊息。

實作測驗與基準。透過基準練習或測驗幫助學生確定他們知道或理解多少資訊。重複運用此一訊息在其另一個版本中，幫助學生記憶。

使用其他的記憶系統。使用其他兩個記憶系統來幫助學生學習和記憶（我們將討論於下）。例如：增加教學活動中的活動課程，藉以活躍程序性記憶系統，且使用符號，如參考文獻架構、連結此一學習

至非連續的記憶中。

非連續性記憶

　　不連續記憶是一特定區域或一驅動連結——你是在什麼地方學習到這些資訊？這是一個要求較小的內在動機的有力記憶系統，尤其當這個經驗是與情緒相連結時，此記憶將可能維持很久。當人們生存在甘迺迪總統和馬丁路德被射殺的年代時，人們往往可以記得當事件發生的當下，他們身處何處，和誰在一起，甚至他們穿著什麼。

　　這一記憶活動系統立基於特定區域和脈絡性的學習，你是否曾有過因為所有與測驗相關訊息都是來自電腦螢幕，而你在測驗時因為將所有的電腦螢幕都遮蓋，所以當學生嘗試要回想答案時，往往都會一直盯著電腦螢幕的經驗嗎？此時他們試圖串連不連續的記憶，而他們大腦的記憶則是立基於訊息是從哪邊學習得的。你認為數學班的學生比英文班的學生在數學方面有更佳的表現，這是什麼原因造成的呢？大腦研究者相信這是因為不連續記憶試著藉由第一次在哪邊學習到此一資訊的方式來活化記憶。

　　如果你在教導學生某些事情有困難時，試著在你的教室內安排與此知識有關的視覺訊息，然後想像當學生需要記取這些訊息時，這些視覺上的訊息對他們的記憶是否有幫助。如果你教導有關事實性知識的課程，試著連結非連續記憶到語意上，藉以強化學生提取與檢索訊息的能力。

　　接下來，我將提供一些藉由我在教導一些大學生時所得到的相關經驗，茲如下所示：

- 將你希望學生記憶的訊息安排在教室情境中，讓你的學生可以每天都看到它。

- 在每一個教學單元結束後，改變教室的情境安排，這對許多學生來說，皆可以幫助他們貯存訊息。如果你不相信我所說的，試著自己做做看：若你有個需歷時數小時的會議要進行，嘗試在休息時間或午餐過後，將情境轉換到會議室的另一邊，大部分的人皆可以因此獲得一個因身處在不同地方的經驗感受。循著此一途徑，這一個極佳的工具亦可以應用在規訓、處罰上，如果學生偏離了規範，在處理他的行為問題之前，先讓他移至教室的另一情境中，你將因此給予這個學生一個「新生感」（fresh start）。

- 象徵性符號、標誌的應用，Kay Toliver 任教於美國紐約市黑人區（哈林），她教授數學，而且她的學生在課堂中會慢慢地移動他們的椅子，表現出熱切想要學習的樣子。她常常配合不同的單元活動穿戴不同的衣服或帽子，藉以區辨不同的課程活動內容。例如：在介紹數學中的分數（fractions）單元時，她會穿上披薩主廚的衣服，並使用硬紙板做成的披薩來教導有關分數的概念。透過這一過程，她進一步擴展、延伸此一非連續性記憶，讓她的學生在吃披薩時，不管是有意或無意間都將會開始思考有關分數的議題。而當我想要學生從不同的參照架構看待事件時，我則會使用「參照架構」（Frames of Reference）來進行教學，將不同的虛構架構分發到每一個學生團體中的。例如：進行有關環境污染的單元時，我會指定其中一個團體討論有關工廠的擁有者此一架構；另一個團體則指定他們針對新生父母這一架構進行討論；第三組團體成員則要他們討論政治家這一架構。當學生需要去回憶、提取訊息時，有時候只要說：「記得，就是藍色架構這一組」，就可以活化他們所需要的記

憶了。

- 運用音樂。當 Kay Toliver 使用一個需要用手操作的深紫紅色的小盒子來進行她的數學教學活動時，她使用了「加州葡萄」這一首音樂配合教學，當然你也可以使用不同的音樂。當你正在學習第二次世界大戰相關知識時，你可以應用當時的音樂，因為音樂對人類大腦有強烈的情緒影響效果，且具有幫助個體強化記憶的功用。

- 使用實地考察活動，幫助學生獲取脈絡性知識。

- 如果你要進行大量的字彙教學活動，建議使用彩色編碼（color-code）來進行此活動，如果你服務的學校無法提供足夠的有色紙張，你可以改在每張字彙卡的上方設計一個具象徵性符號或標誌來替代，藉以幫助學生維持直接且具脈絡性的記憶。

人類的大腦喜歡新奇的經驗與事物，因此如果你可以讓每一個教學活動都是獨一無二的，那你的學生就可以將所學習到的知識成功轉化為長期記憶，且可以隨時順利檢索、提取到他們所需要的知識。

程序性記憶

根據 Sprenger（2002）指出，有兩個途徑可以幫助學生使用程序性記憶的第一個方式是讓學生充份且時常去演練他們所習得的知識。另一個方式則是將學生的學習轉化為有步驟性有程序性的學習活動；藉以幫助學生創造一更牢固的記憶。

任何時候，教師都應在教學活動中安排一些與學生學習有關的活動，藉以活化他們程序性記憶。諸如：實驗室工作、操作性活動、角色扮演和模仿等引導學生動手做做看的活動，都是藉由使用程序性記憶來強化學生學習的例子。

　　當教師運用實作作業於教學和評量活動時，他們即是運用了程序性記憶系統，這是三個系統中最強的一個。

考試焦慮與大腦

　　學生在面對考試時的情緒反應即是影響其評量表現結果的一重要影響因素。如果學生相信自己無法勝任時，其實際的表現有可能就真的無法成功勝任。學生如果曾經在某一學科有過失敗，或是痛苦掙扎的經驗時，那他在面對這一學科時將會伴隨著害怕和恐懼的情緒，且會相對地拉高他在面對這一科考試時的焦慮感。因此無論我們喜歡與否，考試的確是我們生存世界的一部分，所以，讓我們一起來看看在教室情境中，教師可以嘗試做些什麼，可能有助於學生減緩其在面對考試時的負向情緒感受。

我們如何打破焦慮循環

　　坦率地讓學生知道若想要成功，他們必須要做些什麼。我從未在還沒有給他們一個有關如何精確達到成功的評量指標或矩陣前，即指派給學生任何任務。此評分與學生的人格無關，學生若能依據此一評量指標完成任務，自己就可以得到成績。學生和我的互動表現狀況並不重要，而學生去年在我的班級中的表現如何也不重要。

　　並非要將你想做的每件事作成一評量指標，而是要將你的同事聚集在一起，並共同提出一評量指標。大部分中等學校的教師在建構有關學生評量這一件事情上，都有共同的想法或發現，例如許多數學老師具有傾向於較重視學生的數學家庭作業表現的特性，因此，為何不規劃出共同的數學家庭作業評量指標並將它們書寫成一具有說服力的著作，或進行實驗探究呢？一旦當你開始這樣做的時候，將會發現此

一評量指標的品質將因此提升。我亦相信如果某人可以將這一些呈現給學生看，或是告訴他們，相信學生將會有更優秀的表現。

　　跳脫「直覺式」。我從不對學生沒有學過，或只曾涉獵過一些內容的知識進行測驗。請記得，測驗所要評量的內容應該是學生課堂被教導過的，且那些內容應該要符應課程計畫的要求。

　　在班級中營造一個空間，允許學生針對不清楚問題進行提問。提供學生許多針對其所獲得的訊息進行練習的機會，且允許學生在接受評量前可以提問問題，發展、建立自己班級的基準點——在教學過程中，決定何時應該停下來確認每位學生對於所學內容是否理解了。有時候要求學生當他們已理解所學的內容時，要給予自己一個簡單的鼓勵，其他時候則可以在讓學生自己寫下「哪些部分是他已經學會的？而哪些部分則是自己仍無法理解的？」後，允許其使用戶外活動的「許可票」（ticket）到戶外活動。

　　觀察學生正在完成工作任務時的行為表現，藉以了解有哪些學習內容是他們已經真正理解了。學生會在不同的空間或是以不同的方式進行學習活動，因此，在進行評量活動之前，學生是否有足夠的時間可以學習教材是重要的。我們皆在嚴格的時間表限制下進行教學活動，然而卻未曾被導引到身為教師應認知到學生的理解其實遠比教師是否可以在有限的時間內進行完所有的教材是更為重要的信念。所以，如果你的學生對於你已經完成的教學活動內容仍還有未理解處，請不要繼續往下一個單元前進。

　　試著在學年一開始，針對學生進行課程問卷調查活動，藉以評估他們對即將而來的教學單元所持的偏見為何。Eric Jensen（1997）使用一基礎問卷來測量學生對某一學科的情緒反應。他的問卷採用 0 到 10 的分數量表，0 表示最少，10 表示最大。

- 當你第一次談論到這一學科時，你對它的最初感覺是什麼（請用你自己的話來說）……？

- 是什麼機會讓你有機會重拾與這主題有關的書籍，或是欣賞與此主題有關的電影？

- 什麼樣的可能性可以讓你開始像專家一樣從事與此學科／主題相關的活動？

- 整體來說，分數從 0 到 10，請你評估看看你對於此學科的興趣，你會給自己幾分？

當然，這一份問卷需在學生感到可以安心真實作答，不會擔心有後遺症的情況下進行施測。

朝向真實性評量。使用可以提供學生有親自操作、說明他們的想法與學習狀況的機會，而非僅單獨使用具陳述性知識特性的傳統紙筆測驗而已。

時會想要選擇這一答案的衝動。而且，像這一類二選一形式的測驗類型，受試者有 50% 的機率可以猜到正確答案。

　　對初任教師的提醒：學生可能因為所寫出的答案「對」（T）和「錯」（F）看起來極為相似，以致於不論寫的答案是什麼，皆會辯稱他們所寫的答案是正確的。針對此一現象，其實你可以事先要求受試者於受試過程中要清楚寫出「正確的」（true）或「錯誤的」（false），或是要求他們使用「○」表示正確；用「×」來表示錯誤，藉以防範學生有爭辯的狀況發生。

多重反應

　　多重反應題允許可以有超過一個以上正確答案的狀況，例如：

　　Meg Byers 第一年在南方中等學校任教，她所任課的科目是閱讀。她注意到雖然學生可以順利閱讀出詞彙，但實際上他們卻未能真正理解這一些詞彙的意思。利用教學工具是否真的可以幫助她在教學活動中提升學生對閱讀內容的理解程度？

1. 協助學生將他所閱讀的內容與某些他已經知道的事情做連結。
2. 藉由探問學生在閱讀過程中看到些什麼，讓學生得以停留在一小區塊的教材中從事閱讀工作。
3. 如果你無法理解他所書寫的功課內容，可以利用他們放學後的時間將他們留下來。
4. 向學生示範如何利用自學的方式進行閱讀活動：
   A. 1、2、3 和 4
   B. 只有 1、2 和 4
   C. 只有 1、3 和 4

D. 只有 2 和 3

多重反應這一測驗類型的題目變化可以是：

到底哪一類型的測驗對於程序性知識的評量具有較強的影響力呢？如果你覺得下列哪一類型的題目對程序性知識具有較高的影響力，請在答案前寫上「Y」；反之，則在答案之前寫上「N」：

_____強迫性回答

_____申論題

_____自我評量

_____實作作業

_____簡答題

_____口頭報告

這一類型測驗的優點是允許教師測試超過一個以上的學生知識特徵，例如：在上面的例子中，學生必須清楚知道題目中所列的每個評量名稱的內容及作用為何。

填空題

在填空題（fill-in-the-blank）這一類型題目中，學生必須填寫出題目句子中所缺漏的字，或對題目句子有意義的字，例如：

測驗最重要的功用是_____。

這是一個最容易測驗出創造力的題目類型，因為這一類型的題幹是呈現一個句子或是詞組的形式，而受試者必須去完成這個句子或這個詞組。

申論題

申論題在教師自編測驗中是最值得信任的測驗形式，國家研究中

心的網站（CRESST, www.cresst.org）在評量、標準和學生測驗上提供編製申論題時可以參照的例子：

　　自今年開始，你的班級在化學分析研究上必須要遵循一定的原則和步驟，你的朋友之一因為對於即將在兩個星期後到來的一個重要的化學測驗感到身體不適與焦慮，因此已經落後班級進度長達幾個星期之多。她要求你詳盡地為她解釋，她在因應接下來的化學測驗時必須要知道的每一個細節。

　　請試著申論在本案例中，有哪些極為重要的觀念和原理原則是你的朋友需要理解的。在你的申論中應該包含化學的一般性通則概念與特定面向，尤其是那些你已經知道的化學分析概念或分辨未知的物質。你也應該要進一步說明在此範例中，教師可以如何對學生論證說明有關化學的重要原理原則。務必將你所知道的和此化學相關的概念、面向與程序間的關聯性呈現出來。

　　這一類申論題題目類型的優點在於題目題幹的設計本身。因為測驗題目中，有哪些是你在這一次測驗中想要知道的？你想要確認學生是否真的理解？或是學生是否已經具備應用推理、問題解決技巧或是下決定等能力？在題目題幹中都可以清楚的指出，在編寫申論題的題目若可以使用評量指標的技巧，應該可以幫助學生對題目的要求有更加清楚的了解。

簡短文字回應

　　利用簡短文字回應（short written responses）題目的方式是屬於小型申論題的測驗類型，學生需針對一特定的問題給予一簡短的回應。這類型的測驗形式常被應用在教師想要了解學生是否已經理解教學活

動中所傳達的訊息。雖然會受限於回答內容的長度，但是一些較高層次的思考技巧亦會被應用在此類測驗類型上。

此類型的題目若編寫的好，將可以測出更高層次的知識理解，例如：O'Henry 的「二十年之後」這一故事，主要是敘述兩個朋友在畢業 20 年後再度相遇時他們發生了哪些故事。故事中提到 Jimmy 畢業後，選擇留下且成為一位警官；而他最要好的朋友選擇在畢業後離開，且成為罪犯。在此關鍵性的一晚，他們相遇了。Jimmy 沿著街道而行時，他看到他的朋友站在街燈下，並且他從一個通緝海報中認出他。此刻，Jimmy 必須立刻決定是否要逮捕他？依循此案例，或許教師可嘗試要求學生進行一個較高層次的思考，例如：「你認為故事中，Jimmy 應用了較佳的判斷力在他朋友這一件事情上嗎？為什麼？請論述你的答案。」

簡答題

簡答題（short-answer questions）也是屬於小型的申論題的一種。簡短文字回應和簡答題兩種測驗類型的差異在於答案的長度：簡短文字回應測驗的答案可以是一些字，或甚至只有一個字就可以完成，反之，簡答題則要有完整的句子，且傾向於比簡短文字回應題目的答案長度要更長些。第一層級簡答題的例子可以是：「說說看在 Sczescka 所寫的『數學詛咒』（The Math Curse）故事中，年輕女孩受到什麼數學詛咒？」第二個層級的簡答題的例子可以是：「波士頓茶葉黨最主要的作用為何？」

這一類型的測驗適用於當教師想要知道學生是否理解陳述性知識或是主題資訊時。這些測驗受限於較短的回應文字長度之限制，所以簡答題對於歷程評估、溝通技巧和非成就因素三個評量類型中具有較

小的作用力；在評估思考與推理技巧能力兩個評量類型中有中等的作用力；而在有關資訊主題（陳述性知識）部分則有較高的作用力。

 ## 口頭報告

口頭報告是以受試者口頭大聲地說出其申論內容的方式呈現，它與申論題具有一些共同的優（缺）點，例如：兩種評量方式皆可在施測時，同時對學生的語言能力作一評估。這一類型的題目可應用在有關訊息主題和思考、推理與溝通技巧上有較高的作用力；在評量有關歷程性主題部分則有中等的作用力，而在非成就因素評量方面則具有較小的作用力。

 ## 實作作業

實作作業要求學生將其所學的訊息做一呈現，有時候，我們會把實作作業（performance task）和真實性評量（authentic task）視為同義詞，但是純粹主義者認為運用實作作業的評量方式來評量、判定學生是否有能力將所學加以應用這個做法，其實是一種人為且不自然的做法，然而，真實性評量就像一面鏡子一樣可以反映出真實世界。但即使實作作業的評量方式是採用一個做作、不自然的做法來決定學生是否可以應用所學於真實世界中的方式，但我們的目標是，實作作業的編擬應包含所有的課程概念。

實作作業在資訊主題、歷程性主題、思考和推理技巧、溝通技巧四個評量類屬中具有較高的作用力，實作評量也可以用來評量非成就測驗因素，但僅具有中等的作用力而已。

教師觀察

　　教師觀察是教師平時用來觀察學生行為的非正式評量類型之一，例如與同儕合作的能力。它也可以用來觀察學生的歷程性表現，例如使用圖解的能力。而教師訪談（interviews）學生的方式也是歸屬在此類別之下。

　　教師觀察在歷程性主題和非成就因素部分具有較高的作用力；在有關資訊主題測驗部分具有中等的作用力；在評量思考、推理與溝通技巧部分只有較小的作用力。

 學生自我評量

　　學生自我評量是目前最少被應用在班級中的評量類型。學生用自評的方式評量自己的想法、作業、和學習歷程的表現狀況，且此種方式在資訊主題、歷程性主題、思考和推理技巧、溝通技巧和非成就測驗五個評量類型屬中，屬於最具可信度的評量類型。

4

智力測驗

所謂的智力是指什麼？若企圖要為智力下定義，其實是一個極耗費心智的事情。古希臘時期，柏拉圖相信人類大多數是無知，且人類經由學習而獲得的知識只是一個非常大量、完美但卻不切實際的知識而已。柏拉圖聲稱他自己頂多僅能被稱作是耍聰明的人，因為他覺察到自己的無知。

——Sliver, Strong, and Perini, *So Each May Learn*

我們長期擁戴智商（IQ）這一說法，這是一種藉由從孩子的實際年齡來推估孩子心智年齡的作法（從孩子的智力測驗推估得知）的方式。智商是依據孩子若是在智力測驗上獲得一較好的分數時，那他的心智能力將和較年長孩子的平均心智表現相似的原則來訂定的，我們期待每一年齡階段的孩子智商都可以達到 100；如果其中一個孩子的心智發展相對於同齡孩子有更好的表現時，那他的 IQ 就有可能達到 130。另儘管 IQ 這一專業術語的定義與內涵已不再如以前我們所指稱的，但是一旦我們需要進行智力測驗時，我們仍會繼續採用舊有、熟

悉的量表結果。

那麼，到底什麼是「智力」呢？智力的定義會不會因為文化而存有差異呢？它可以僅藉由精心策劃的單一測驗就可以測得嗎？例如學校常用的智力測驗。其實過去幾年來，類似這類的問題早已有人探究過了，且他們皆採納 Gardner 的結論：人類的智力並非僅是透過單一測驗即可測得，更確切的說，智力應是一包含許多現象的測量。如同 Gardner（1983）的解釋：

> 我進行一有關「思維」（thought）的實驗，我預定針對不同的文化進行調查研究，且嘗試對每一個階段的發展或終止狀態進行區辨——所生存的文化中，具有較高地位且真正對個體的生存來說是重要的能力。例如在我的實驗中的某一部分，我針對有關宗教領袖、薩滿、先知、母親、父親、舞者、外科醫生、雕刻家、獵人等諸如此類的角色進行一連串的思索，我將自身置於一個認知挑戰中——它可以更適切地解釋人類有機體是如何變得更有能力應用多種不同的能力於生活中。

20 世紀，我們在看待智力與學習這一部分時，有了重大的變革。即使我們對於人類認知已經更加科學化、更加力求精確，但猶如我最初所提問的問題：到底什麼是人類的智力呢？

Gardner（1983）將智力定義為：

• 人類解決他在真實生活中所遭遇到的問題之能力。
• 這一個問題解決能力應是可以類化至第一個新問題情境中。
• 這一個能力是可以對某人的文化價值，提供某些幫助或服務。
• 在他 1983 年所著的具開創性的《心情》（*Frames of Mind*）一書中，Gardner 改變我們看待智力的方式。Silver、Strong 和 Per-

ini（2000）聲稱我們可試著從 Gardner 的主張來重新看待智力這一議題：

- 智力是具有可發展特性的，並非一出生時就被固定住的。

- 智力並非是可透過諸如傳統智力測驗等單一測驗方式所測得的，但是若可以透過實作或問題解決的過程來獲知智力會是一最佳的評量方式。我之所以會這樣說的原因是：我們不能單靠陳述性或事實性的知識來測得個體的智力，而是應透過程序性的知識來測得個體之智商（例如：這位學生可以如何應用這一個知識？）。

- 智力是可以透過多元途徑來測得的。

- 智力測驗是在真實世界脈絡中測得的，而不是僅在傳統孤立的受試情境中測得的。

- 智力是需要透過各種不同的途徑來測得學生的聰明才智，而不是僅透過單一測驗的結果就論定學生的成功與否。

　　同一時期，Gardner 亦將智力區分為七種不同的智能——後來增加為八種——且他亦相信還有其他更多的智能尚未被發現（例如：所謂的第六感，那它又可以藉由什麼方式來測得呢？）。接下來，讓我們來看看 Gardner 所提的八種智能，並且進一步探討在班級中教師可以如何辨識和提升每一位學生的智力層級。

智能的類型

語文智能

　　如同這一個命名所指稱的，個體伴隨著一個較強的語文智能時，往往是具備較善於使用文字的能力，且在書寫和口語部分的能力亦會

較強。他們傾向於在應用聽覺的教學活動方面有較好的學習表現。但這並非意指這一類的學生最好的學習方式是透過聽講的方式來進行的，因為這一類型的學生也喜歡透過和他人討論的過程來成就自己。根據 Silver 等人（2000）的說法認為：具語文優勢的學生若在一個可以說、聽、讀或寫的環境中學習，其學習效果將會是最好的。

發展階段前期，學生在語彙敏捷性上的表現往往是偏重在說笑話、講故事或是說一些荒誕不經的故事上。他們通常皆有極佳的文字記憶力，而且喜歡玩文字遊戲。他們所使用的語彙可能比他們同年齡的人更高級，也通常擁有較佳的溝通能力。簡言之，這一類型的學生喜歡閱讀和書寫活動。

發展階段後期，學生可以透過各種不同具創造性的書寫形式來表現自己，並有能力可以編寫出原創性的故事。他們通常是較佳的演說家，且在其演說過程中會應用不同的描述技巧，例如：隱喻（meta-phor）、直喻（simile）和誇張的修辭（hyperbole）等方法。

在班級中，偏重於在語文方面較具優勢智能的學生通常會喜愛各種透過言語、書寫和閱讀等方式的學習活動，因此，教師可以藉由增加以大團體、小團體或是以配對方式進行討論的教學活動來提升這一類型學生的智能表現。教師也可以使用刊物書寫或是學習日誌的方式進行教學活動。例如：學習日誌可以應用在課程之初，提供學生了解在此一課程開始之前，他們對這一學習主題已經了解多少了，或是學習日誌也可以應用在課程活動進行中，藉以確認學生的學習狀況。最後，教師也可以透過在課程中安排書寫課程來提升學生的語文智能。書寫課程並非僅是實施在英語文學班中，而是有一部分的書寫課程應該也可以實施在一般班級中。我們知道一旦學生真正對其所學習的內容有了真正的理解時，他們才有能力向他人解釋他所學到的知識。就

像與傳統的評量方式相悖離一樣，要求學生針對問題、公式、科學測驗或他們已經學過的活動內容進行說明、解釋，就好像他們要將自己已經學會的知識傳授給別人一樣。

邏輯─數學智能

邏輯─數學智能是所有數學和理性科學的準則。人類在追求邏輯數學時強調理性：他們通常在模式的建立、因果關係的確立、實驗的實施和順序安排上較讓人信任。一般來說，他們會針對概念和問題這一方面進行思考，且喜歡將相關的想法放進測驗中。

發展階段前期，偏重邏輯數學優勢智能的學生會較喜歡策略性遊戲、數學活動和邏輯益智遊戲等活動。他們會詢問有關如何進行主題工作的問題，而這一類型的學生往往在幼年時期就比一般人在思考技巧方面有比較高層次的表現。

個體發展階段前期，學生可以連結各種不同的數學操作技巧來解決複雜的問題。他們知道如何找到可以解決一些未知事物的方法，且他們亦具備了善於使用歸納、演繹推理、邏輯思考和標準數學證明的能力。

這一類型的學生，喜愛在班級活動中進行有關模式的建立、運算、形狀和驗證假設等活動，且善於應用科學、推理演繹和歸納等方法。教師可以藉由在教學活動中增加邏輯推理與演繹等活動，並教導學生針對假設進行比較驗證，或是試著尋找未來的趨勢。而數學益智遊戲也是一個用來提升學生邏輯數學智能的好方法。

空間智能

偏向於空間智能優勢的學生在覺察力、創造力、與重新創造圖片

和意象這一部分有較高的領悟力。攝影師、藝術家、工程師、建築師和雕塑家都會使用此空間智能，這一類型的人在視覺上，對於即使是很細微的細節往往也都可以表現出很敏銳的觀察力；常常可以運用圖形、表格或圖像等方式將自己的想法表達出來，而且也能夠把文字或想法轉換為心智圖的方式展現出來。空間智能較優勢者也常常藉由圖像的方式進行思考，且對於位置和方位有較敏銳的覺察力。

發展階段前期，學生擁有對於其所學內容有較清晰的心智圖影像之能力，且較常在課堂上幻想。他們喜歡進行令人感到困惑且複雜難懂的活動，且他們從圖片中比從文字上可以獲得更好的理解。這一類型的學生可能會在他們的紙上塗鴉，或進行其他類似像藝術活動等有助於增進他這一方面智能的活動。

發展階段後期，這一些學生能夠知道如何藉由應用藍圖、模式或圖解等方式獲得知識或觸發。他們可以閱讀和設計地圖，且似乎對於抽象的空間圖像有較佳的理解力，例如：幾何圖形。他們也可以藉由使用各式各樣的藝術活動來幫助學習，且清楚知道每一個模式間的關聯性為何。

在班級中，傾向空間智能優勢的學生喜歡可以給予他們應用視覺方式來呈現他們想法，或是創造心智圖和使用音樂智能方式的教學活動。教師可以藉由增加視覺性的學習活動來提升學生這一部分的智力，例如：心智圖或象徵輪（attribute wheel）。

身體—動覺智能

身體—動覺智能與自我身體感和操縱身體的能力有關，傾向於在身體—動覺較優勢智能者可以較輕易地操控物體或相較於其他人可以更有能力地進行精細的身體動作。他們的觸覺敏感度往往有較好的發

展，且他們喜歡肢體上的挑戰和各式的休閒娛樂，這類型的學生可以透過實踐、運動和付諸行動來學習。

發展階段初期，在身體—動覺具有優勢智能的學生在跑、跳和運動等面向早期即已顯露出天資了，要求他們持續坐在教室位子上一段時間其實是有困難的，他們可能會不斷的敲著筆，顯得坐立不安的樣子，或是在位子周圍來回走動。這類型的學生喜歡拆解東西，然後再將其組合起來，企圖想要建構出一個模型。

發展階段後期，這一類型的學生在各式各樣的創造性活動或研發新事物上顯露出天賦。他們擁有較佳的創造力與肢體表達能力，在運動、體操或舞蹈的表現上也顯得較突出，在角色扮演與默劇方面的表現也佳。

在班級教學活動中，這一類型的學生喜歡包含講求體力、速度、靈活的、手眼協調和平衡感的教學活動。教師透過增加動態的學習活動，不僅可以協助他們發展這一類型的智能，也可以幫助學生透過一個比利用語義記憶途徑更容易掌握的方式來幫助學生貯存記憶知識。熟練性操作、建構或使用模型、傳遞活動等等，其實都只是我們可以在教學活動中提升這一類型智能的某些方法而已。

音樂智能

擁有音樂優勢智能的人能夠創造出旋律和節奏，也可以理解、欣賞和表達出他對音樂的觀點或評價。音樂智能展現在唱歌時不走調、可以精確掌握節奏或分析音樂曲式和創造音樂等方面的能力上。音樂智能較佳者，對於所有充斥在日常生活中的吵雜節奏等聲音顯得較敏感。

發展階段初期，這一類型的學生可以覺察到存在於音樂中的不協

調性，且他們可以記住樂曲的旋律。這一類型的學生通常喜歡演奏音樂或歌唱，他們也會唱他們在課堂之外所學到的歌曲，且可能會隨著心中的旋律輕敲鉛筆或是搖擺身體。

發展晚期的層次，擁有優勢音樂智能的學生將對於不同類型的音樂有獨特的理解和欣賞能力。他們可以透過音樂來表達出自己的想法、思考和感覺。他們通常也可以了解音樂的語言，例如：樂理符號和音樂術語。

在班級教學活動中，這一類型的學生喜愛聆聽音樂、唱歌和彈奏樂器，因此教師可以多安排一些短曲、饒舌歌和歌曲教唱等活動。音樂其實對於我們大腦有更大的情感衝擊效應存在，且可以藉由音樂來觸發學生的情感反應，藉以提升學習效果，例如：當我們在進行某個朝代的歷史課教學時，我們可以透過在課程實施過程中，同時播放那個朝代的音樂，藉以提升這類型學生的學習效果。

人際智能

人際智能運作於自然的社會情境中，擁有優勢人際智能的人在與他人互動時會有較佳的表現，且對於周遭他人的細微心情、態度與慾望也會有較敏感的覺察力。一般來說，這一類型的人在人際互動過程中往往顯得較友善且開放，且知道如何判斷、與人打成一片和看出一個人的氣質等等。他們通常也是團體中的優秀團員和管理者，且若他們可以透過與他人互動的方式來學習時，其學習效果將會最好的。

發展階段初期，這一類型的學生往往會自然而然展現出其領導能力，也喜愛和朋友有社交上的互動。他們喜歡參加俱樂部或其他的團體，也喜歡玩團體遊戲。他們通常會主動對他人表示關懷，且善於對他的朋友提出忠告或建議。

在發展更晚期的階段，擁有較佳人際智能的人往往善於管理自己的負向情緒，且對於各種團體的團體動力也會有較清楚的了解。他們對他人的反應顯得較敏感，也較可以尊重他人的信念、行動方式、文化價值和社會規範。這類型的學生通常在合作組織或合作學習方面有較佳的表現。

在班級中，這類型的學生喜歡參與以團體活動方式進行的教學活動，例如：合作學習或同儕輔導等。假如你必須利用一段很長的講述時間來進行教學時，你可以試著採用下列的教學技巧來取代講述方式的教學方式，藉以提升學生的人際智能：

1. 先將學生予以分組配對，且要求他們自己來決定誰當夥伴 A？誰當夥伴 B？

2. 首先，你先提供大量的訊息給 A，然後再要求 A 將幾分鐘前你告訴他的所有訊息全部告訴 B。

3. 接下來，要求 B 反過來告訴 A，他剛剛從 A 那裡聽到且記得的每一件事。

延伸這一策略所給予我的靈感，我將其加以變化並應用在人數約為三至四位的中學生小團體中，且指派每個小團體不同的任務，例如：其中一組針對你所提供的資訊進行摘述；另一組則負責提問問題；第三組則負責指出重點。如果這一資訊的呈現是複雜的，你可以先將其切割成不同的主題，然後再指派給每一小組，例如：其中一組負責摘述主題 A；另一小組負責摘述主題 B，以此類推之。

內省智能

內省智能是一個可以接觸自身感覺和情緒狀態的能力，擁有優勢內省智能的人往往選擇依循自我的覺知，就像他們會相信且應用自我

領悟力（self-understanding）來引領自己作決定和行動。他們勇於接觸自我的內在感受，且發展出可以實現的目標，自我涵養、孕育。

發展初期，這一類型的學生通常喜愛單獨學習，且擁有高自尊（self-esteem）傾向，他們表現出獨立和擁有自我實現的優勢智慧能力。

發展晚期階段，擁有內省優勢智能的學生往往有較高的情緒智力，且往往具有可以應用較高階思考能力來處理問題的能力。這一類型的學生勤於探究自我的信念、價值觀、目標和哲學觀，且樂於自我修正、調整。

在班級教學活動中，這一類型的學生喜愛設立目標、自我監控及從事反身性（reflection）的活動。反身性活動是任何學習活動課程中極重要的一部分。教師可以藉由提供這類型的學生一些普遍性的想法、概念來幫助他們發展好的反身性工具，例如：PMI（Positive-Minus-Interesting）工具可以被應用在課程結束後幫助學生查看和檢視他們已透過此一學習活動獲得了哪些知識。PMI 工具中的「P」意謂著學生應該寫出今天他最主要的收穫是什麼？「M」表示學生要針對學習內容提出相關的問題；「I」則是意指他們應該寫出他們學習此一課程的想法，或是獨特的見解。其他猶如「角度思考」（angled thinking）也是一個可以用來幫助學生分析他在此一學習活動中的想法的極佳工具。在這個活動過程中，學生可以成功地將他在課堂中所學到的知識轉化、應用至真實生活情境中（例如：我們曾在第二章提及的有關數學角度思考的例子）。

自然觀察智能

擁有優勢自然觀察智能的人對於大自然界的動、植物特性較為熟

悉，也對地理環境和所謂的自然界萬物，例如：石頭、雲和星星等較清楚。這一類擁有較高自然觀察智能的人往往比較喜愛從事戶外活動，且對於自然生態中萬物的生存模式、特性和異常現象有較多的關注和較高的覺察力。他們擅長利用自然界萬物的特性和生存模式去將他們予以分類與歸類。這一類擁有優勢自然觀察智能的人往往對自然界懷抱著感恩的心，且對所生存的自然環境有較深層的了解與認知。

年幼時期，這一類型的學生最喜愛從事戶外活動，且對自然界萬物懷抱著較高度的興趣。他們喜愛、重視且樂於保護動物，他們似乎對於自然界的運作模式有較深入的了解，例如：天氣。另外基於他們對自然界的觀察經驗，他們對於天氣的變化具有較高的敏覺度，同時他們也喜歡從事和自然有關的科學實驗研究。

在發展階段晚期，擁有此類自然觀察智能的學生往往對自然界的動、植物名稱與其特性瞭若指掌。他們對自然界萬物的運作模式具有敏銳的覺察力，且會進一步將這一些資訊應用在觀察地球和天氣等變化上。年紀較大的學生則可以從一大堆的動物、植物、自然環境與人工產物中，將他們成功地依其所屬的特性加以歸類與分類。

在班級教學活動中，這一類型的學生喜愛將自然萬物和生物加以定義和歸類。前面我們曾提及的應用在空間智能的「象徵輪」（attribute wheel）也是一個可以應用在歸類和區辨自然萬物的好方法。儘管一些可以用來了解這些擁有自然觀察優勢智能的學生的優、缺點有哪些的資訊是重要的，但是如何幫助學生選擇可行的方案計畫和產出一些對他們來說是具有意義的知識也很重要。

 ## 應用多元智能提升班級活動

因應各類型不同優勢智能學生之需求來設計各種不同的課程，不

僅可以幫助引發學生的學習動機，也可以幫助學生發展其較弱勢智能的部分。針對此，Silver 等人（2000）提出一些想法可供教師參照依循。

發展特定的特殊智能

在基礎階段，教師可以透過某一核心活動（activity centers）發展學生的特殊智能——設置一個遍布在教室情境中有關各種智力發展的學習工具。Silver 等人（2000）提供一些例子：

> 一個以口語為主的核心活動可能包括書籍和文字處理機等安排與設置。反之，一個以身體動覺為主的核心活動則包括可以熟練操控和親自動手操作的器具安排與設置。更甚者，核心活動課程可以是採開放式的方式，允許學生自由地選擇他們想要努力的目標，或它們也可以是一個對教學對象來說是個特定的活動主題，例如：在一個以空間為核心的活動設計中，教師可以要求學生針對《Boar 和 Jackie Robinson 的年代》（*In the Year of the Boar and Jackie Robinson*）一書中有關 Shirley Temple Wong 適應美國生活這一橋段利用連環漫畫的方式將其內容表現出來。

透過多元智能的特質來區辨不同的教學活動設計

透過各種不同教學工具的使用，教師更可以針對某一位學生所具有的優勢智能進行教學。Silver 等人（2000）應用「即將瀕臨絕種的動、植物」這一主題的教學課程為例，說明教師可以如何針對學生不同的多重智能來設計教學活動：

- 針對語文智能優勢的學生，教師可以藉由參與班級討論及利用

時事報導等方式來進行有關「即將瀕臨絕種的動、植物」這個主題的學習活動。

- 針對邏輯—數學智能優勢的學生，則可以利用個案研究的方式，找出可能造成動、植物即將瀕臨絕種危機的原因，且可以針對兩種截然不同的動、植物進行比較、對照，例如：老虎和熊貓。

- 擁有空間智能優勢的學生，可以藉由從「挽救大自然」的影像剪輯中來認識即將瀕臨絕種的動、植物，也可以選擇以素描畫出快要瀕臨絕種的動、植物方式來學習。

- 擁有身體—動覺智能優勢的學生，可以利用參與角色扮演活動，或是進行有關野生動物保護的實際考察活動來學習此一課程。

- 擁有內省智能優勢的學生，可以針對諸如「他對即將瀕臨絕種動、植物的感受如何？」和「為何大自然對你來說是重要的？」等問題進行深入探討。

- 擁有音樂智能優勢的學生，可以藉由聆聽與快要瀕臨絕種動、植物有關的流行音樂來學習此一主題。

- 擁有人際智能優勢的學生，則可以利用團體時事報導的方式，或是利用團體專題研究的方式，學習有關快要瀕臨絕種的動、植物此一主題。

透過活動或是獨立研究的方式提供不同的選擇機會

表 4.1 呈現一系列可以啟發不同智能的獨立研究構想，提供各位參考：

表 4.1　針對各種不同多元智能者設計適合的教學活動方案

教學方案構想	優勢智能
雜詩	語文優勢智能
忠告信	語文優勢智能
自傳	語文優勢智能
圖表／曲線圖	邏輯—數學／空間智能優勢
吟唱詩歌	語文智能／人際智能優勢
拼貼藝術	空間智能優勢
透視畫	空間智能優勢
目擊者報導	語文智能／人際智能優勢
刊物	內省智能優勢
地圖	邏輯數學／空間智能優勢
歌曲、饒舌樂、短曲	音樂智能優勢
時間線	空間智能優勢
演示	身體—動覺智能優勢
模仿	身體—動覺智能優勢
遊戲	身體—動覺／口語智能優勢
自然步道	自然觀察智能優勢
動物類屬	自然觀察智能優勢

5

實作作業

實作作業要求學生針對他所學習到的知識做出回應，這裡有一些是從全國性教育發展評量（National Assessment of Educational Progress）中摘錄下來有關的實作評量的例子：

- 要求學生說說看當水滴分別滴在七個不同的建築材料上時，會出現什麼情況？接下來，我們將某種不知名的材料放置在塑膠袋裡面，但是只提供給學生觀察、詢問，並不給他們實際測試看看的情況下，要求學生預測看看，當我們將水滴滴在這個不知名的材料上時，將會出現什麼情況？

- 給予學生三種不同的材料樣品和一個展開的盒子，而這三種不同樣品材料無論在尺寸、外型或重量上都是不一樣的。在這一個例子中，學生被要求必須決定若是將 A、B、C 三種材料分別裝進同一個盒子時，試問裝滿哪一種材料的盒子重量是最輕的？裝滿哪一種材料的盒子重量又是最重的？

儘管上述這一些任務皆是要求學生使用程序性知識來解決問題的例子（學生可以應用哪些知識），然而，這一些任務其實都不是用來

解決真實生活問題的任務。因此，要是我們想要將實作任務轉而應用在真實生活情境中時，學生可能會被要求遵循下列事項：

- 應用你目前正在進行的幹細胞研究相關資訊，書寫一封具說服力的信件，說服當地的報紙編輯採用、報導你的幹細胞研究發現（實施對象為中學生）。

- 應用你對氣候的相關資訊，預測你所居住的城鎮接下來三個月的氣候變化模式，並將你的預測結果寄給主編當地氣象報告報刊的氣象專家，且請求他可以針對你對氣象的預測結果予以回饋。

上述兩種活動的不同處在於：首先，在第一個練習中，學生被要求要去執行這一個任務，而教師將從學生的實作歷程中了解學生的想法及其想法是否具合理性，同時也可以核對學生在學習此一知識時的學習表現如何。而在第二個練習活動中，教師同樣也可以從活動中蒐集到與第一個活動相類似的訊息，不過這一個活動的賭注和風險是更高的，因為學生是針對真實世界中的人和情況做出反應，而這一個活動的影響力和其決定將是如何，全繫於教師這一關鍵性人物身上。就我個人而言，我相信我們可以使用人為的練習過程來教導這一些技巧和蒐集相關訊息，也可以幫助學生確認這些練習能以什麼樣的姿態呈現在真實生活中。教師也可以增加這一類立基於真實生活情境中的基礎練習活動，但這一些練習活動必須是有用的，而這一些練習活動是否真的有用的關鍵性問題是：「學生是否了解這一些練習活動和他所處的真實世界的關聯性為何？」而非是：「這是真實的世界嗎？」

檔案夾

近幾年來，檔案評量的應用獲得了大多數人的認同，儼然已成為

新的流行趨勢。根據 Bob Marzano（1998）所主持的中區地方性教育實驗室（Mid-continent Regional Educational Laboratory, McREL）研究指出：檔案本身對於學生的發展並無深度的影響，更確切的說，應該是在使用檔案的過程中，教師應用了有效的、細膩地和次數極為頻繁的回饋系統所對學生的學習活動發揮了極大的作用與影響力。而關於檔案評量之效用評估中，其中一個可能的歸因為：檔案的品質將歸因於這個檔案夾是否可以有效地提供學生有效的回饋。

　　我在這裡應該要說明檔案夾的內容，包含了學生任何時候的作品和其看得到的成長，這些都是屬於實作任務的形式。當它們被使用在極具創造性的書寫和藝術作品時，同時也是呈現了學生在此一學習過程中的發展與進步情況。例如 Marzano（2000）指出這一類型的資訊可能被呈現在數學檔案夾中：

- 相關的爭議性問題，在歷經一學期或是一年的學習活動後，學生如何應用其所學來解決因應此一問題的實例。
- 關於學生如何解釋一些相關的數學概念，和他們將如何應用這一些概念的數學研究實例。
- 由學生依循上述例子，自我評價其對與學習主題相關的概念、策略和運算規則系統的了解程度為何。

教師觀察

　　教師長期持續地對學生的學習活動進行觀察，且往往將這一些觀察資訊轉化作為教學相關決策的依據。而所謂的觀察其實應是一個包含了學生行為表現部分的整體性觀察活動，絕非僅是針對學生認知性的工作進行觀察、蒐集資料而已。學生如何執行他們的實作作業？他們在這一方案計畫中是否展現了較高能力的相關證據為何？當他們在

歷程中遭遇到問題時，他們是否會放棄？當他們接收到一個任務且必須要去完成它時，他們是否有能力自我監控和調整，並完成此一任務呢？教師觀察可能是教師用來辨別學生努力程度、行為表現和對細節關注程度等非成就因素最好的方式之一。

學生自我評量

學生自我評量是一種適用於各種教學目標的評量方式，而且經過審慎評估後，我們不難發現這也是用來改善、提升學生學習狀況最好的工具。然而弔詭的是，這一種評量方式卻是教師最少使用的評量工具之一。學生自我評量是一有力且與大腦相容的評量工具，也符合讓學習意義化和再評估的後設認知學習歷程，例如：針對為何會有學習發生進行思考。學生應該要試圖提出一些極具思考性的問題，例如：我喜愛這一學習方案中的哪些部分？結果如何？遭遇到哪些問題？下一次你將會如何改進？這一類的問題將有助於目標設立及應用更高層次思考的能力，例如：評價、分析和綜合等能力。

教師應該給予學生自我監控學習活動及評估自己執行實作任務品質的機會，尤其是在某一個計畫執行之後，學生能夠針對整個活動歷程的計畫部分和工作執行部分的品質做一自我評價。

獨立或團體學習方案

在我教學生涯中的某一時期，我企圖想要規劃出高品質的教學活動，於是我在一向講求嚴謹的教學計畫中，我為我的學生規劃了獨立學習方案。我很快精通要規劃一個有品質的教學活動所應該要注意的事項，及哪些並非是規劃一個有品質的學習活動必要的事項。大部分的教師不願意花費時間投入獨立方案的規劃工作，往往只是從事遠低

於學生能力之下的教學工作而已。

　　方案（projects）雖僅是程序性知識中的一個例子而已，但卻是極為重要的。過去幾年來，我為學生規劃、組合了一些學習方案、準則。這一些準則也適用於任何你指派給學生，要求他們要去執行的程序性任務上。茲嘗試將我所提的方案準則分析呈現於下：

- 學生必須先界定出自己方案計畫的主題，且為此一方案計畫預設一個目標並設立基準點。
- 給予學生矩陣或評量指標（rubric），精確地呈現出我將用來評價他們作品是否符合「優質作品」（quality product）規準為何。
- 我提供給我的學生們一些寬廣、多元的方案構想，他們可以採用某一個我建議的構想，或是他們也可以提出他們的想法，但這一些構想都必須符合我所要求的品質標準。

　　我為我的學生所設計規劃的方案想法，都是參照布魯姆分類法（Bloom's Taxonomy）和各式各樣的表現方式（例如：文字書寫、口頭的或動覺的）。當我參照布魯姆的分類法來看待學生的學習方案時，我會嘗試區辨學生的表現是歸類在布魯姆分類法的哪一層次上。我的學生應該有能力達到哪一個層次？有幾年的時間，我的部分學生甚至不知道如何進行基礎性研究。這一些學生的表現是歸類於布魯姆分類法中較低階、起始點的層次部分。若干年後，學生已經可以從事布魯姆分類法中的分析或綜合的工作了。但要是此時我仍是要求這一些學生去完成一個知識性或理解層次的實作任務，對他們來說將會是一個侮辱，而且將出現「課間附加作業」（busy work）的現象。關於這一部分，我已經採用布魯姆的分類法作為準則，規劃設計出一規準，以作為決定學生在獨立方案中的（布魯姆分類法）層次和程序之

參照。

 布魯姆分類法

知識層次

　　知識層次是歸類於布魯姆分類法中最低的層次。若要產出這一層次的方案，學生並不需要對此一方案相關的資訊有充分的理解。例如：在知識層次，時間表可以作為探究此層次方案計畫的例子。學生即使在未對第二次世界大戰有充分理解之前，也可以依事件發生的前後順序排列起來。在知識層面的方案計畫可以包括資料蒐集、觀察報告或是回憶事實性知識。

　　知識層次的能力包括：

- 定義。

- 表列資訊。

- 提供事實真相論證。

- 詢問有關發生何事？誰？何時？何處？

- 標記。

有關知識層次方案計畫中較適當的例子，包括：

- 請學生依照事先設計好的昆蟲名稱分類表蒐集昆蟲。

- 提供 25 張真實檔案的卡片，卡片內容是針對有關你指派給學生有關的人、地或物的任務資訊。

- 為 *Piggie Pie* 的女巫寫一「緊急召募」廣告，藉以幫助她可以順利取得製作餡餅的相關材料成分。

　　知識層次是屬於低層次的理解，因為它相對於我們曾在第二章所介紹的七個不同理解層次中，它的要求算是非常少的。在知識層次

中，這一些被指派的任務是較其他部分更加困難的，因為它要求要有正確事件發生的年代檔案，又要有創造力，例如緊急召募的廣告，但它們並非是複雜的，且並不要求要有大量的理解。

理解層次

在這一個理解層次，學生取材自事實性的知識，並進一步展現出他們對此知識的理解程度。至於學生對於知識理解程度的要求多寡，則要取決於方案計畫的複雜性為何。

理解層次的技巧必須包括下列能力：

- 理解所獲得的知識。
- 領悟所獲得知識的意義。
- 轉化知識到新的情境脈絡中。
- 針對事實性知識進行解釋、對照與比較。
- 預測影響程度。

表達理解層次的思考活動包括：

- 摘要。
- 描述。
- 解釋。
- 比較、對照。
- 預測。
- 找出關聯性。
- 將項目作一區隔。
- 估計。
- 區辨。

此一層次的方案計畫構想中，包括學生可以生動地描述歷史中兩

位領導者的人格等面向，或是班上同學透過一份摘錄重要詞彙或公式的筆記本，協助剛轉到班上來的學生。

應用層次

應用層次意謂著學生不只知道這一些知識而已，且他們亦要達到真正理解這一些知識，並能將這一些知識靈活應用在有意義面向的程度。更甚者，達到此應用層次的學生可以依自己的狀況來決定此方案計畫的複雜程度。學生是否可以將他在班級中所學到的資訊，應用同樣的方式將其簡要地呈現出來？或是學生是否可以將其在課堂上所學到的資訊，成功地應用在課堂之外的真實生活情境脈絡中？

想要達到此一應用層次應具備的能力包括：

- 描繪出結論或通則。
- 了解、熟悉主要的想法。
- 理解。
- 了解主要問題。
- 答案漸趨於同一個結果。

達到真正此一應用層次的理解之活動與問題應包括：

- 從課堂上所給予的相關資訊中，找出結論。
- 探問「主要的關鍵點是什麼？」。
- 將接收到的相關資訊轉化用自己的語言表達出來。
- 找出一個單元中唯一且最重要的想法為何。
- 找出模式。
- 規準的應用。

若要找到有關此一應用層次的方案計畫的例子可能是：試圖針對某個國可能會遭遇龍捲風侵襲的區域進行觀察活動，記錄下每一次龍

捲風來襲前的天氣變化狀況，並應用這一些相關的資訊，預測未來的天氣變化模式。

分析層次

在此一分析層次，學生能夠找到相關的資訊、理解並加以應用，且可以將所蒐集到資訊劃分為幾個有意義的部分。

學生若可以達到此一分析層次的程度時，他可以：

- 分類、匯集、排序和加以歸類。
- 等級次序。
- 進行資料的對照和比較。
- 按順序排列資料。
- 圖解、圖示、曲線圖和編製表格。
- 使其形象化、具體可見。
- 確定部分與整體的關係。
- 確定因果關係。
- 說明時空的關聯性。
- 了解功能間的關聯。
- 解釋資訊。
- 歸類、整理、重新整理排列。

可以展現出此一分析層次的問題與活動包括：

- 探問「×」出現的順序為何？
- 製作一圖示、圖解和曲線圖。
- 從最重要到最不重要的依序重新排列。
- 對照和比較。
- 探問「它們的異、同處為何？」

- 探問「A 如何影響 B？」
- 探問「你如何聚集／歸類 A？」
- 呈現出這一部分和整體的關聯性為何。

有關此一分析層次的例子為：學生可以創造出一圖表，針對歷屆不同總統的特徵進行對照與比較。若是想要製作這一個歷屆總統特徵的對照圖表，我想應該要考量到下列這一些問題：為什們我們要選喬治華盛頓作為美國第一屆的總統，而非是某一個被流放的暴民？為何我們會選擇一個非常僵化、固執的總統？（或許當時那一個時期，我們很需要僵化和固執。）然後，學生可能會被要求要將課堂上所學到的相關資訊與知識，根據候選人的人格特質預測這一次國家可能的選舉結果。

綜合層次

在綜合這一層次中，學生可以同時進行有關知識、理解、應用和分析四個層次的知識，且在這個層次中，學生亦可以創造出屬於自己特有的觀點或知識產物，而非只是複製他人的觀點或做法而已。

學生在此一綜合層次可以從事：

- 發明、創造和綜析。
- 規劃一個計畫。
- 推論、預測和建立假設。
- 構想的應用與執行。

與綜合層次有關的問題與活動，如下所示：

- 進行有關某個主題活動之規劃。
- 將概念、想法活用到另一個新情境中。
- 預測接下來將會發生什麼事？

- 假設當「×」出現的時候，將會發生什麼事？

- 詢問學生：「假若當×出現時，你將會有何反應？」

- 創造。

- 發明解決某件事的新方法。

- 設計一個解決方案，藉以提升、展現和改進某件事。

- 找出何時我們會在真實生活情境中應用到這一些知識。

- 探問學生：「假若⋯⋯，將會如何？」

- 嘗試從諸多不同方法中，找出可以用來解決×的方法。

我嘗試從網址www.engine-uity.com節錄下一些可應用在此分析層次的方法：

- 創造一個可用來協助辨識和理解模擬兩可、不明確或似是而非的知識系統，並將這個方法教給學生。

- 創造一個類似像大富翁或圍棋、象棋等硬紙板的遊戲，且在遊戲中融入了探險、考察、商業交易和國家目標等內涵。

評價層次

關於評價此一層次，學生可以同時進行上述知識、理解、應用、分析和綜合等五個層次的學習活動，且他們亦可以在此層次中，針對他們的學習內容進行評價。

學生在此一評價層次中的活動包含：

- 針對新的學習內容進行評價。

- 評價、判斷和回顧。

可以充分展現學生在此一評價層次之能力的活動和問題包括了：

- 嘗試辨識當天的學習活動是否是可以評價的，並請進一步解釋為什麼你認為它是可評價的？抑或是為何你認為它是不可評價

的？原因又為何？

- 問學生：「你認為關於這一部分可以如何做將會更好？」
- 問學生：「你覺得這是一個好點子嗎？為什麼？」
- 針對問題，提出你的觀點，並請進一步加以解釋、申論之。
- 問學生：「你對於這一個答案（解決方式／或方案計畫）感到滿意嗎？」
- 問學生：「有哪些知識或資訊是你所深信不疑的？」
- 問學生：「是什麼原因讓你認為你的預測不是正確的呢？」
- 問學生：「你對於自己用來解決此一問題的方法感到滿意嗎？」

我嘗試從網址 www.engine-uity.com 節錄下一些可應用在此評價層次的做法：

- 昆蟲是所有無脊動物中最了不起的動物，而人類則是所有脊椎動物中最了不起的動物。請你從上述這兩種動物中挑選出最能適應大自然環境變化的動物，並試著針對你的選擇進行申論。
- 評估 Harrison 所發明的精確計時表對於航行這一領域的重要性，並請為《航海學會期刊》（*Navigator Bulletin*）書寫一份具有說服力的論文。

 ## 方案（公式）的應用

在布魯姆分類法中，有一個方案（公式）可以用來作為決定學生在進行某一特定主題學習活動時，到底適用布魯姆分類法中的哪一個層次、主題和作品。表 5.1 中呈現了教師可以如何藉由選擇此一學習活動的主題、其困難層次，以及預測其可能會產生什麼樣的作品等面向，來套用本方案（公式）。

表 5.1　方案（公式）的應用

	層次	主題	產出
知識	標籤 表列 定義	植物的組織 權力法案中的自由議題 食物群	簡報 圖表 模式
理解	解釋 排列 蒐集 展示	通貨膨脹率 從想法演化成法案 實例預算的原理原則	口頭報告 年代表 角色扮演 心智圖
應用	演示 重新組織 發展	模式 出自文本中的某個章節 文本報告	棋盤形嵌石飾 教學 資料手冊
分析	拆解 簡化	部分的組成成分 分子式	說明 小冊子
綜合	創造 預測	老歌新唱 選舉結果	實作 專論
評價	判斷	歷史性的決策	文章評論

6

使用矩陣或評量指標

Jensen（1997）強調：「臨時性的突擊測驗應該被禁止。」因為臨時性的突擊測驗往往創造了極具壓力與（教師和學生間）敵對的關係，且它們往往亦僅提供了少數有用的資訊而已。另外突擊測驗的實施，亦常常被用來提醒學生注意到自己對這個學習主題的知識原來竟是如此的微少。

假若我們想要真正地觸發學生朝向更有品質的學習工作前進，和企圖提供他們一個有品質的評量，則我們必須要事先向他們預告我們對他們的期待為何，以及他們必須要達到什麼樣的目標。因為根據統計結果顯示：超過87%的學生都是屬於視覺型的（Jensen,1997），至於上述中所提及我們對於學生的期望這一部分，則必須要藉由文字具體呈現出來。一般來說，關於這一部分，其中以矩陣或是評量指標說明兩種方式最受人歡迎。

應用矩陣來描述教師所期待的結果

一個矩陣往往簡單明瞭的列舉了一個作品的部分構成要素，或是

在矩陣圖的左半部部分標註了學習活動；右半部部分則列舉了有品質的完成某件事的特性。中心的部分則可能被應用在當不同的知識構成要素具有不同的關鍵性影響程度時的關鍵價值上。表 6.1 是一個有關數學家庭作業的簡明矩陣圖的分析形式實例；而表 6.2 則是一個有關時間表（timeline）方案的例子。

介於矩陣與評量指標說明間的基本差異之一為：評量指標列舉了不同學習層次間的特徵，而矩陣則是假定了只有一個學習層次。當我期望學生只有達到某一個有品質的學習層次時，我會選擇使用矩陣做一呈現；反之，當同一個班級中，學生因為其自身能力的差異，而需要有不同的複雜層次的教學活動時，建議選擇使用評量指標的方式，相信將會是更為適當。

表 6.1　家庭作業矩陣圖

準則	特性
同時處遇所有的問題	●遵循正確的步驟 ●呈現所有的工作 ●所有的工作是經過檢驗、確認的
對數學相關概念的理解是清晰的	●能仔細地解釋作業中的數學相關問題 ●能針對數學相關概念進行論證 ●能夠向他人解釋解題的過程
在一適當的時間期限內完成家庭作業	●準時繳交作業 ●作業的呈現是完整的
家庭作業的呈現是清楚的	●家庭作業的表現顯得有順序且清楚 ●家庭作業的呈現內容是容易讓他人明白與理解的

表 6.2 時間表矩陣圖

部分（極其重要）	時間表 點	特性
評量指標	☒	適當的
	☒	簡略的
界線	☒	有橫格的
	☒	呈現主題
	☒	容易閱讀
時間增加	☒	統一格式
	☒	清楚可見的
	☒	相等的間隔
	☒	此年代中的次要重要事件
標記	☒	印刷清晰的
	☒	統一格式
	☒	具代表性的關鍵事件
圖解、實例	☒	與主題相符應的
	☒	適當的
學習單元	☒	按字母排列的
	☒	從封面即可見的
整體外觀	☒	幾近完美的完整性

 # 使用和建構一評量指標

　　評量指標（rubrics）主張要將所有的知識正確地匯集起來的做法，其實比矩陣圖表顯得更複雜難懂。因為他們必須同時描述不同的學習層次。評量指標最簡單的是 4 × 4 個方格的表現形式，其中可以

包含四個不同的學習層次和四個評分規準。表 6.3 就是一個 4 × 4 個方格之評量指標範例。

Wiggins 和 McTighe（1998）論述一個優質的評量指標應該要可以區分哪些是屬於較膚淺的思考內容？哪些則是較具深度、複雜的思考內容？（例如我們在第二章中的調查。）它們在評量指標提示表格中提供了一些可供遵循的問題，作為決定思考層次的參照指引：「一個簡單的數學證明題和一個複雜難懂的數學證明題的差別在哪裡？一簡單的文學名著（歷史事件）之分析工作和一個艱澀難懂的文學名著（歷史事件）的分析工作的差異在哪裡？」

一旦評量指標或矩陣圖表被具體規劃出來時，應該將它分享給所有的學生，且用此一致性的規準針對學生的學習表現進行解釋與評分。如果我創造一個評量指標表，但我卻不遵循它的規準來進行教學與評分活動時，那麼此一評量指標提示將失去它存在的意義，且即使下一次我仍使用評量指標表來作為教學與評分的依據時，學生也將不會再注意它所提具的規準了。因為我一直深信大部分的學生如果可以事先知道教師對所謂的「有品質的學習」之界定為何時，他們將會展現出更有品質的學習表現層次。因此，我相信這一個工具可以提升學生達到更具意義的學習層次。

表 6.3 班級網站中的數學作業評量指標

數學家	新興的	原始想法	新手
呈現出成熟的數學邏輯想法。能順利地完成所有的數學題目解題工作；能應用適當的方式呈現作業。	呈現出在數學領域中持續成長的狀態。能夠應用客觀但卻有限的解題方式解決問題。	表現出僅對少數的數學相關概念的理解。僅能夠解決少部分的數學問題；對於如何解題有較偏狹的理解行為展現。	呈現一極為簡單和幼稚的數學理解知識。無法順利的解題。
展現出能夠深入地解釋和分析數學題目的能力；提供可以充分支持和證實其數學思維具合理性的證據。	可以為自己的數學思維提供一些具合理性的支持論證。可以解釋和分析某種難度的數學題目，但並非每次都可以成功。可以依循題目中所提供的相關提示進行解釋。	對如何解數學題有一些模糊、不確定的想法；僅能對於相關的數學邏輯概念有一粗淺的解釋而已。	表現出無法解釋或分析數學問題的能力。不知道如何解數學相關的題目。
準時繳交作業，甚至有時候提前完成；作業的呈現是井然有序的。適當地提問和深思有關此學習活動相關的數學議題。清楚自己的限制。	可以如期地繳交作業，但作業中會出現一些錯誤。當他們有需求的時候，他們會要求更多的協助。	有些時候可以準時繳交作業。作業的品質參差不齊或學生的理解極為有限的。	常常遲交作業或有些作業沒有繳交。當他們有需求的時候，往往不會主動向他人求助，或僅是依賴他人的協助而已。

7

建構組合型評量

在前面的章節中，我們已經針對一些在討論評量這個議題時會應用到的詞彙加以討論過了。這一類的問題被應用在編製測驗上，且其對組合了國家、州和鄉土的課程計畫中、即將要教導學生的內容為何具有其重要性。接下來，你即將要將這一類所有的相關知識應用在你的班級教學活動中了。

在這一章節中，你將從你所規劃的課程活動中選擇一課程所想要達到的目標，而這一目標必須要與國家所提供的課程目標做一連結，且你也必須要發展出適用於班級教學活動中的測驗。同時，你也將設計出一矩陣圖表，用來評價班級學習活動後，再針對學習活動評價的結果進行分析，藉以作為班級決策之重要參照。接下來，我將介紹建構評量和選擇學習目標的六個步驟，如下所示：

 ## 步驟一：選擇班級目標

如同我們在第一章中所談論的，我們在教學活動一開始即已經在心中設想著當課程結束時，情況將會是如何。

　　從你的教學計畫中，選擇一單元學習活動，例如：基礎教育階段，你可能要介紹英文字母「D」的發音這一單元。你也許計畫將要提出有力的證據，藉以證明灰姑娘故事中的主角應該叫作「Dinorella」，而不是「Cinderella」。

　　一旦你確定了教學主題，同時你也應該要寫出教學目標。至於介紹英文字母「D」的發音這個教學單元，我的課程計畫及課程目標，茲如下所示：

　　教學主題：英文字母「D」

　　學校本位目標：1.8——學生將利用英文字母發音的相關知識，
　　　　　　　　　　　　解譯書面的語言文字。

　　國家課程目標：1.7A——列舉和辨識每一個英文字母。

　　　　　　　　　　1.7B——知道書面語文文字的發音是由英文字母
　　　　　　　　　　　　　　所組合而成的。

 ## 步驟二：目標書寫

　　教學活動實施過程中，有哪些內容是你想要你的學生知道或學會的，且於教學單元結束後可以藉由不同的方式呈現出來的？哪些陳述性知識是經過學生深思熟慮後所獲得的知識？哪些又是學生於教學單元結束後可以親自操作的程序性知識？教師又將可以如何確認學生對於學習內容已經真正理解了？請記得 Wiggins 和 McTighe（1998）所提出的有關「理解」的六個面向：一旦我們對於所學習的內容產生真正理解的時候，我們將可以順利的表現出下列的做法：

- 闡明我們所學習到的知識。
- 解釋這個知識，並增加個人對這個知識的見解與想法。
- 實際應用這個知識至其他的情境脈絡中。

- 擁有自己特有的觀點，致使我們不僅對於學習內容只有一個大的認知圖像而已，且亦可以進一步進行批判性的判斷。
- 同理他人的意見與觀點，且嘗試貼近理解他人為何會持有這樣的意見和觀點。
- 擁有自我覺察的能力（self-knowledge），藉以自我覺察哪些知識內容是我所無法真正理解的。

在這一步驟中，請針對你的教學課程至少各寫出三種陳述性目標（例如：學生將會知道哪些知識內容）和三種程序性目標（例如：哪些是學生可以實際執行、操作的）。

步驟三：監控學生的理解程度

教師將如何確切知道學生對於所學習的內容是否已經真正理解了呢？在這一個步驟中，你必須要列出一些你即將用來監控學生對於課堂學習內容是否已經理解的方法。其中某些方法可能是透過觀察、核對表、實作和基準參照等方式進行監控，且這一些方式所獲得的資訊可能具有其重要的影響性。至於其他的監控活動可能是在教學單元結束後，透過總結性評量的方式來進行。

步驟四：指引的編製

接下來的這一個步驟，教師必須要去編製一個指引說明，而此一指引說明中必須指明教師將要如何針對學生的學習活動及其對課程內容的理解程度進行評估，且內容中須包含了所有的陳述性和程序性的評量內容。

在這個指引圖表的左欄，列舉了教師將用來評價學生學習狀況的規準。在圖表的橫列的部分，則列舉了教師將用來確認學生是否已經

達到，或是超越了教師所設定的標準的方法。假若教師在決定要如何書寫這一部分的內容時發生困難需要協助，可以逕自參考 Discovery.com 的網站（www.school.discovery.com/schrockguide/assess.html）查詢相關資訊，其中包含了上百個編製指引說明的方法。

或許你也會有意願想要到這一個網站中實際練習指引說明的編寫方式，因為在這一個網站中，它提供了按部就班，從易到難有階段性的引導我們編製說明指引的方法。剛開始，指引說明中可以只有包含一個規準，慢慢的，循序漸進發展至包含兩個規準、三個規準……，以此類推。

 ## 步驟五：準備評量工具

現在，你已經可以開始著手準備評量工具了。而所選擇使用的評量工具形式可以是正式的，例如：傳統紙筆測驗工具。當然也可以是非正式形式的，例如：教師觀察紀錄。若是你可以選擇採用一種以上的評量類型來進行學習成效評估，我想會是一個比較明智的作法。

 ## 步驟六：考核所使用的評量工具

選擇一個你以前曾經使用過的評量工具，此評量工具是否可以符合你的課程目標的要求？遵循表 7.1 的指引，在表格中分別填上學生的姓名，並根據學生在測驗題目中的實際表現，填入學生回答測驗題目的答案到底是正確的或是錯誤的。檢視圖表中所呈現的學生測驗結果的資料分布狀況，並依此評判學生對學習內容的理解程度為何。是否有某個團體的整體測驗成績表現優於另一個團體？如果有這樣的情形，試分析看看為何會有這樣的現象發生？是否其中有某個測驗題目是大多數班級沒有答對的？如果有這樣的情形，請你試著說說看為何

表 7.1　測驗題目的分析

學生姓名	性別（M/F）	種族	高風險學生	測驗題 1	測驗題 2
Martin, A.	M	A	Yes	✕	◯
Marquez, M.	M	H		✕	◯
North, S.	F	NA		◯	✕
Pei, K.	F	A	Yes	✕	✕

註：種族代碼説明：A 表英格蘭族群；H 表西班牙族群；NA 表美洲原
　　住民。
　　測驗題目：✕表錯誤的解答；◯表正確的解答。

會發生這樣的情況？這一個測驗題目具體清楚嗎？知識被隱蔽在班級
中嗎？下一次你可能會做什麼樣的調整？

 ## 小結

　　一個好的評量，對於教師在評估學生的優勢能力和強化教學及學
習過程上具有難以估計的價值性。大部分的教師透過觀察、回饋和紙
筆測驗等方式評估每天的教學活動。大多數的教師會針對自己的教學
表現，和他們在組合課程計畫、教學實施和測驗這一部分的能力進行
評估。如果發現有某一群學生或大多數的學生在測驗上的表現都不理
想的話，大部分的老師都可以覺察到他們在組合課程計畫、教學實施
和測驗的做法上可能出現了問題，且他們會進一步分析看看問題的癥
結在哪裡。大多數的老師知道自我效能對學生的學習動機是重要的，
而且他們也會盡力去確認所有的學生都可以有一平等和公平的機會可
以獲取成就。而在他們接受評量的過程中，並不會有「直覺式」的情
況發生。

8

州政府和全國性的評量

　　所謂的標準化測驗即「在建構和測驗範圍上擁有高度信度和效度的測驗」。標準化測驗的施測以及評分都是一致的，並且測驗會受到編製成員或團體們的監控。

　　近年來，絕大多數州政府或全國性的標準化測驗都是採用常模參照或標準化參照測驗的模式。常模參照測驗是一種將學生表現與內容領域中的常模團體相比較的測驗，常模團體是由相同年齡或相同年級的學生所組成的群體。使用這種類型的測驗是為了能讓教師將自己的學生與其他學校、州或甚至是其他班級的學生相互比較。雖然學生個人無法常與其他人比較，但是藉由與常模團體的對照就能夠了解他們是否已有了充分的進步，同時也能夠使教師做出教學和學習的決定。

　　標準化參照測驗是將學生在已學習過的課程或是精熟程度上做比較。事實上，州、學校、班級對於學生們常有一套預先決定好的指標或標準，以了解在施行標準化參照測驗時學生是否確實精熟了知識主體。要適當的使用標準化參照測驗之前必須先由教師將資料分解，以了解個別學生和特殊群體學生（如男性、女性、社經群體、少數族群

或是學科領域）的優勢及弱勢。許多州在經過對學生實力的診斷、定位和矯正之後，現在已漸漸開始對學生使用標準化參照測驗了。

值得一提的是，標準化參照測驗一開始是起源於 18 世紀中在美國的麻薩諸塞州（Massachusetts），由州立學校委員會的秘書 Horace Mann 所主導的，目的在於使用公平一致的方式將學生分類，同時並監控州立學校系統的效率。各州的提議者都希望能夠使用考試以帶動教育改革，在這之前，評量是由各班級的教師個別施行的。

在麻薩諸塞州使用州評量之後，考試也成為了公共政策的一項工具。必然的，Mann 自然也遇到了各州和國家今日所面臨的一些棘手的批評以及問題。人們所提出的疑問在於：「是否測驗能夠確實的測量出學校所教授的內容，以及測驗的設計是否真的能夠達到測驗的目的？」這些爭議持續至今，並且不管我們喜歡與否，測驗如今仍然持續的存在著。政府以及其他的投資者想了解是否適當的稅金會促進教育結果，並且他們也需要一些方式來測量這些結果。再者與學校能力緊緊相繫的資金和資源也顯示出標準化測驗方式的結果。

現在我們該如何提升測驗的成績呢？

對那些從事教育的我們而言，在測驗上會遭遇到許多的壓力。我們面對所有的學生，這同時也意謂著我們會面對到一些不願學習的學生或者是在年級程度之下的學生。想要奇蹟似的改善並立即提升測驗成績，可能需要去處理許多的問題，包括語言上的障礙、文化上的障礙或是缺乏充足資源等問題。許多老師和行政人員搜尋了各種專業的期刊並參訪了許多工作室，希望藉由銀彈方案這個唯一的線索夠幫助學生們體驗成功。以下就是銀彈方案的介紹。

銀彈方案

　　下列所提出的部分將作為銀彈方案的引言，我想要提出一個能夠迅速調整低測驗分數的方式，這方式的目的是為了要提供給你一些信心，好讓你可以實施長期的計畫以幫助那些學習緩慢的學生。我所提出的這些資訊絕不是要去取代那些深度的教授與學習，而是要提供他們一些機會去發展其社會技巧，並且幫助他們增加陳述性知識和程序性的知識。因此我所提出的方式將會立即提升測驗的分數，使所有的學生都能夠親身體驗成功的滋味。我上述所提到的全部都記錄於我的書中，例如「自我效能」，即是一種相信自己能夠成功的信念，因為在過去曾經體驗到成功。這也是一種經由影響大腦而產生動機的最有效的方式。

　　銀彈方案分成兩個部分。

1.教導標準化測驗中所出現的字彙

　　假如您曾經讀過我的書《所有教師都應該知道的事——教學計畫》（Tileston, 2004b），你就會了解在任何一項課程裡教導單字是很重要的。根據 Sandi Darling 所言（www.learningbridge.com），在任何標準化測驗中，大約 80% 到 90% 左右都是建立在單字的基礎上（即描述性知識）。如果一個學生不認識單字，我們很難期望他能去理解測驗中所列舉的資訊內容，更遑論要使用這些單字在一些程序性的活動裡。在我們做這項測驗以前，先讓我提出一個以各州和國家標準為主的測驗，此測驗是我們的學生從未看過、聽過或分析過意義的一項測驗。讓我們來看看這些案例。

　　案例一。此範例來自德克薩斯州十年級語言藝術的案例（取自於

www.tea.state.tx.us/taks/）。

目標二：此學生將理解並證明在文化中的文字理解和科技並不等同於寫作文本。

（11）閱讀／文字的概念。此學生分析出文字元素在文字測驗意涵的貢獻。此學生被要求（A）在文本中從各種不同的觀點，如主題、衝突和典故等進行比較與對照。

身為教師，我必須要直接的教導下列的字彙（即陳述性知識）：分析、比較、對照、主題、衝突和典故，同時我也必須教導我的學生使用圖表（具體的型態）進行比較和對照（即程序性知識），使我的學生能夠確實的創造出一種簡單的模式以幫助他們解決測驗上的問題。假若你還不熟悉該如何教導你的學生使用比較—對照模式的話，你可以參考以下的資料：《所有教師都應該知道的事——有效的教學策略》（Tileston, 2004a）和《所有教師都應該知道的事——教學計畫》（Tileston, 2004b）。

案例二。接著，讓我們來看看發生在國小數學科上的範例。此範例是來自德克薩斯州小學四年級的數學科。

目標四：此學生將證明概念的理解和測量的使用。

（3.11）測量。此學生選擇並且使用適當的單位和程序測量長度與面積。此學生被要求（A）使用標準單位例如：英寸、英尺、碼、公分、公寸、公尺。

再者，身為一位教師，我會再教導學生以下的字彙：估計、測量、英寸、英尺、碼、公分、公寸、公尺等，並教導他們從事測量時

做決定的過程。我也會以圖表的方式去幫助我的學生記憶，因為我知道圖表的模式對我本身而言可以幫助我回憶資訊。

2.使用教學脈絡

絕大多數約 80% 到 90% 左右的標準化測驗都會依賴描述性的資訊，因此我們必須找到一些方式幫助學生回憶更多描述性的資訊，以提升他們對內容的精熟度。假如您曾經讀過我的書《所有教師都應該知道的事——學習、記憶和大腦》（Tileston, 2004c），那麼你就會知道描述性的資訊對大腦的運作和回憶而言是最有效率的學習。描述性記憶儲存於我們的語意記憶中，除非這些資訊與先前的資訊相連結，或是它連結到其他的記憶路徑，不然我們是很難藉由它回想起一些事實、日期或字彙的。這也是學生們對於我們所教導他們的知識內容難以回憶的原因之一。我們可以藉由一些方法，例如將事實與學生先前的知識或經驗相連結、關注考試取向的背景，以及使用其他的檢索系統來提升學生的記憶能力。

先備知識或先備經驗。大腦是資訊的搜索者。當任何時候我們接受到新的資訊時，我們的大腦都會從一堆混沌之中搜尋那些曾經留存我們既有的資訊或經驗之中並且能符合新資訊的訊息。我們可以在新的課程裡藉由幫助學生連結舊有的學習和新進的學習以幫助學生將這個過程簡單化。

在這一系列的書籍中，我先前曾經在其他的書中詳盡的提及此過程，因此這裡我將不再做深度的討論。然而。我仍然要簡單的提醒你，我們可以創造一些連結以喚起學生的前學習經驗，將新學習與學生所擁有的經驗相連結，或是也可以為我們的學生創造出一些經驗。

例如，當我想要教導「移民」的課程時，我不會假設我的學生都

知道或是了解為什麼會有人願意擠在小小的空間內或將所有的東西都塞在小小的貨車上,並且冒著生命的危險逃離到另外一個國家。為了創造出一種連結以幫助我的學生記住此種學習,我可能會詢問他們:這個國家內發生了事情而導致這些人們會不顧一切的收拾家當逃到一個新的國家。之後我會再問他們這個國家的政治、醫療或宗教領域等可能發生了什麼事而導致人們的離開。我會藉由一些問題以建立學生個人和新移民課程的連結,例如問他們以下的問題,像是「為什麼人們願意離開他們的祖國,以及為什麼他們願意冒著生命的危險到其他的國家」等問題,以建立起他們的同情心。

脈絡性的測驗傾向。Jensen(1997)探討從國民小學到成人在各種地方參加標準化測驗的對象,提出了一項與大眾相關的測驗結論。這項結論是一個相當具有顛覆性的結論:若我們在測驗者學習資訊的地方對他們進行測驗,則這些受試者會得到較好的成績。在進行回憶時,大腦路徑會依賴事物的脈絡進行回憶,這路徑就是我們吸收資訊的環境與方式。在數學教室做數學習題會比在英文教室的成效為佳,這並不是偶發的,而是我們在回憶時所產生的差異會受到依賴背景脈絡為主的記憶體系所影響。與其讓學生們在自助餐廳進行標準化測驗,不如試著讓他們與教師一起留在自己的教室中進行測驗。根據我的研究發現,我相信你的測驗成績一定會顯著的提升。

使用其他的檢索系統。與其倚賴語意記憶系統處理事實性知識,其實我們可以教導學生將這些資訊儲存在一個或多個以上的檢索系統,以幫助他們能夠更有效率的儲存或檢索敘述性的知識(Tileston,2000)。

在上個段落中,我提到使用其他記憶系統連結語意資訊以強化學生回憶敘述性知識的能力。要達到這個目標的有效方式,即「情境記

憶系統」（episodic memory system），透過結合情感的方式，終其一生都會回憶起這些記憶。情境記憶系統會使人們深深記住甘迺迪總統或馬丁路德被射殺的事件，即使這些事件已距今多年。此種記憶系統也能使今日此一世代的人們回憶起 2001 年 9 月 11 日時他們身處在何方，即使這些事情都已距今多年他們也一樣能記住。

　　程序性記憶系統能夠幫助我們藉由「做中學」而記住那些事情。將事實結合活動，我們就可以幫助學生們增強記憶。此外圖表模式也是一個幫助學生記住事物的好方式，因為圖表結合了事實性知識的過程。教室中的活動也能夠開發記憶系統。

　　結論是，當學校開始使用這些簡單的程序後，我深信學生們的成績也會開始出現顯著的進步；一旦學生開始在各州和國家考試中獲得成功的經驗，他們的自我效能就會開始萌發；另外，當教師減輕提升學生學業成績上所產生的壓力，他們就可以讓學生們的生活產生長期且重大的改變了！

字彙摘要

成就差距（Achievement Gap）

　　成就差距是指在各種不同型態的學生中，出現持續性的成就差異，特別是在標準化測驗、教師評分或其他資料的分數上。這些差距最常出現於那些白種人和少數族群之間，特別是指非裔美國人或西班牙人。另一個最常指出的差距則是出現在窮人和中產階級的學生上。近十年來，此種差距不斷的擴張，因此現在有些研究認為，我們目前只有兩種階級的學生，一種是有差距的，一種是沒有差距的。

可描述性（Accountability）

　　近年來，在教育領域中，可描述性成為一種測量的論證，用來解釋教師、學校、學區、各州在教導學生的效率以及優劣。可描述性通常也可以用來證明學生在測驗形式上的成功機率。

　　近年來，大多數可描述性的方案都包含了對各州課程標準的採納和以標準為基礎的測驗。許多政治的領導者和教師也都支持這種取向，他們相信這將有助於釐清焦點和改善成就。一些其他的人則爭論著，因為標準化測驗無法測量到學校裡所有重要的目標，可描述性系統應該要具備更多彈性並且使用更多其他型態的資訊，例如輟學率和學生作業樣本。

校對（Alignment）

　　校對是確認教師所教的內容是否與課程內容相符合，以及是否符合官方測驗的評量。當學生所學習的不是課程所要傳達的主要內容

時，或是考試內容並非學生所學習的內容，那麼我們幾乎可以預期學生在測驗上會得到較低的分數。低分的結果並不意謂著學生的失敗，也不意謂著是學習制度的失敗。基於這個理由，學校和學區常會花許多心思致力於校對的工作。一般而言，校對是一件值得反覆練習的事情。然而當整個學習的過程是以考試為主時，或是當學校中的教師認為他們只有義務教授考試要測驗的內容時，校對的工作也就會因此而受到破壞了。

性向測驗（Aptitude Tests）

性向測驗是用來預測一個人從事某件事情的能力。一般最常見的是智力測驗，這是用來測量一個人的智能能力。智力測驗形成的基礎在於每個人的心智能力都呈現相對的穩定狀態，因此可以辨認出每個人的主體性知識或其他的能力，例如創造力。某些性向測驗是用來測量一個人在學習某特殊科目或技巧上其天生所具備的的能力，或是針對某種職業評價個人的適切性。

評量（Assessment）

評量是指一種運用在學生或教師們資訊學習上（描述性知識）的測量，或是運用在表現技巧上（程序性知識）的測量。不同型態的評量工具包括有成就測驗、小型能力測驗、發展量表、性向測驗、觀察工具、表現任務以及真實評量。

進行評量時所選擇的方法代表了不同的效能，此效能則與評量時欲測量的目的有關。例如：多元評量、是非題和填空題的測驗適合用在評量基本能力或是發現學生們所記憶的內容。而想要評量其他的能力時，實作工作則可能會更為適合。

表現評量需要學生去表現一項工作，例如打排球、解決一個特殊型態的數學問題或是敘寫一個短篇故事。有時候，這項工作可能會經由設計以能評量學生應用描述性知識在程序和過程上的能力，例如學生可能會被要求以一種方式證明斜坡在生活當中的應用。

高風險學生（At-Risk Students）

高風險學生是指那些比一般學生有更高的輟學或休學機率的學生。高風險學生的廣泛類型包括住在都市的貧民區、低收入戶和無家可歸的孩子。這些孩子通常都有一口不流利的英文，同時這些特殊需求的學生也常有情緒或行為發展上的困難。遭受到虐待、少年犯罪、失業、貧窮、缺乏成人支持等都被視為是增加少年風險的因素之一。

真實性評量（Authentic Assessment）

真實性評量能夠真實的衡量出追求成功生活所需要具備的知識和技能。這個專有名詞在使用上常等同於「表現評量」一詞，為了取代學生回答多重反應題的測驗項目，因此通常會要求學生表現一項任務，這些任務像是在籃球場上打一場球賽、寫一篇短篇故事或是解決一項數學方程式。

特別的是，真實性評量並不是人為模式的表現評量。大多數學校裡的測驗都絕對是人為的，例如：寫一封信給一個虛擬的公司藉以向教師證明你知道如何寫信給公司，與寫一封信給一個真實存在的人物或公司藉以達到一個真實的目標，兩者之間並不相同。有個能讓真實性評量顯得更為真實的方式，就是要求學生去選擇一個他有能力完成的特殊任務以證明他們的所學。舉例來說，一個學生會藉由發展一個模型以解釋溢油（oil spills）所連帶的問題，以證明他對於化學性質

的了解。

基準點（Benchmark）

　　基準點是判定表現的標準。正如同一項田徑競賽會在時間之內設立基準點以成某項田徑技巧，因此也可以為學生們設立基準點以供他們自我評鑑，觀察自己是否已有了足夠的進步。許多州的標準也常包含針對年級程度的基準點。例如：一個較為廣泛的目標會要求學生了解幾何學的項目。但是一個針對一年級的基準點可能就會要求這一年級程度的學生應該要認識一些基本的形狀，例如：正方形、三角形和圓形。有些學校會發展他們的基準點以告訴學生們應該在其就學期間的某個特殊階段學會某些內容。例如：在六年級之前學生應該要能在世界的每一洲定位出重要的城市和地理特色。

　　課堂的教師也會設定基準點讓他們能夠了解學生們是否已有了充足的進步，而足以朝向課堂中的最後目標。這與教師在教授完學科後只為了在學期末的重大評量裡找出學生未學好的教材有很大的對照。這種情況下，可能為時已晚而無法再回溯並重新教導此一課程了。

能力測驗（Competency Tests）

　　能力測驗是由學區或州所開創的，所有的學生都必須在畢業之前通過這項測驗。有時候此測驗也稱之為「最低能力測驗」，測驗的主要目的是為了確保所有的畢業生在基本的技能上都能夠達到最低的熟練度。近幾年，許多州配合課程標準而校正了許多嚴苛的測驗，這些測驗也取代了在 1970 和 1980 年代所採用的最低能力測驗。

標準化參照測驗（Criterion-Referenced Tests）

標準化參照測驗是為了測量學生本身對於特別的知識主體的學習情形，因此較不關心其他學生學習的好壞情形。大多數國家的標準化成就測驗都是常模參照測驗，代表學生表現的好壞是與常模團體的學生做比較。標準化參照測驗是與特殊的學區或各州的課程直接相關的，且在記分上也會根據固定的指標。

以資料為基礎的決策（Data-Based Decision Making）

以資料為基礎的決策是分析現行資料來源（例如教室和學校的出席率、成績、測驗分數）和其他資料（如檔案、調查、面談）的過程，以訂定出和學校相關的決策。這個過程包括組織和闡釋資料，以及開創行動計畫。

班導師應該使用與班級學生相關的可用資料為基礎，訂出教學和學習的決策。運用這些資料可以使學生們被安置在一個適合他們的教學團體中，並決定應該使用何種策略或該修改何種策略以提供給各種不同的學生。即使教學單元的速度會受到這些以資料為基礎的決策而影響，但這種方式仍然會比教師「我行我素」（I think and I feel）的方法為宜。

拆離型資料（Disaggregated Data）

拆離型資料是指測驗分數或其他數據被分割以使各種項目能夠進行比較。例如：學校可能會藉由打破全體學生人數（聚集到單一組數量）的資料以判定少數學生如何與多數學生進行比較，或是女生的分數如何與男生的分數相比較。

正式評量（Formal Assessments）

正式評量是一個帶有成績或評價的評量。它相對於非正式評量，在這個評量中，教師會蒐集資訊以便能幫助學生做出一些和學習相關的決定，例如學生在學習上應該使用的適切速度、學生已經認知的學習內容，以及學生可以接受的學習方式等。許多以非正式的方式所蒐集的資料都會影響教室目標和結果，但是這些資料並不會因此而左右學生的成績。

形成性評量（Formative Assessments）

形成性評量主要是用來測定學生所學的內容，以計畫未來教學的一種測驗。相對地，在單元課程結束後用來證實學生學習成就的測驗則被視為是「總結性評量」。

高風險性測驗（High-Stakes Testing）

高風險性測驗是使用來判定學生獲得獎賞、名譽和認可的狀況。低風險性測驗的目的則是主要用來改善學生的學習。高風險性測驗常伴隨著大學入學考試以及那些學生必須通過才能夠升級到下一個年級的考試。測驗會影響到學校的地位，例如那些在規定百分比內的學生，必須要得到一個及格的分數，因此也被視為是高風險。

智力測驗（Intelligence Testing）

智力測驗的目的是用來計算個別學生的智力商數（IQ）。IQ 是源自於從學生的真實年齡中區分出他們的心智年齡（即他在智力測驗上所獲得的成績）。IQ 所根據的原則是：兒童在智力測驗上的得分即代表他的心智能力，藉此與一般較年長的兒童相互比較。一個兒童

的表現要是符合他的期望年齡，那麼則代表他的 IQ 為 100。一個兒童的心智能力若是被視為高於他的實際年齡，那麼就代表他的 IQ 為 130。今日 IQ 這個專有名詞的使用頻率已不如往昔，但是在相似的量表中仍然經常可見智力測驗的計分。

　　智力測驗常被用來鑑定特殊方案中的學生，像是特殊教育中的資賦優異方案。某些最低門檻的分數底線是為了預先判斷以確定哪些學生是資賦優異、學習障礙或輕微的心智遲緩等的兒童。例如：學校可能會判定一個 IQ 成績 130 的學生應該去接受更進階的資賦優異方案。在此值得注意的是，任何一項特殊方案的參與資格都不應該只參酌某一項單一的測量以作為選擇。

集中量數（Measures of Central Tendency）

　　集中量數是由三個部分所組成，藉此提供一個方式以描述具有代表性（typical）的分數或所謂的一般的（average）學生。「平均數」（mean）是算數中的平均分數，它是加總所有的分數，並藉由分數的總和除以其總數所得到的分數。「中數」（median）是指最高分到最低分的分數分布中，介於中間點的分數。「眾數」（mode）是指在分數分布中，出現最頻繁的那個分數。在 95、90、88、86、86 的分數分布中，平均數是 89，中數是 88，而眾數則是 86。

　　平均數通常是代表平均分數的最佳指標，然而在某些分數與其他分數相比較時，若是出現了極高值或極低值，則使用中數作為平均分數則是最好的選擇。眾數在使用上的頻率雖然不如平均數或中數頻繁，但在許多分數中，要是出現了很多相同的分數，那麼使用眾數則是最適當的。

　　雖然集中量數對於學生分數的概述是很重要的，但是他們的使用

還是決定於分數分布的範圍。當許多分數聚集時，有些分數可能會無規律的散布在個別分數之間，因此兩組分數中可能會出現相同的平均數，而一組分數中可能會呈現出相當一致的情形。變異數（measures of variability）的使用是用來描述總數的分布。兩個最重要的變異數分別是「全距」（range）和「標準差」（standard deviation）。全距是最簡單的變異數，它是一組分數中的最大分數減去最小分數的值。在上述提出的那組分數中，全距即為 95 - 86，或者是 9 分。

全距對於分數的分布會提供一些說明，但是它的價值是決定於兩個數字之間。會把所有的分數都考量在內的變異數是「標準差」。標準差能夠說明那些圍繞在平均數周圍的分數其廣闊性的程度。如果在任何一組分數之間都不存在著變異，這組分數之中的每一個分數就會等於平均數，那麼其標準差就是零。如果有越多分數相異於平均數，那麼標準差就越大。在教育領域中，標準差的使用非常的廣泛，尤其是在常態曲線和標準化測驗裡。

常態分配（Natural Distribution）

常態分配是象徵以一種鐘型曲線描述許多自然現象分布的情形。在常態分配中，大約 95% 左右的分數都會落在距離平均數兩個標準差之間，大約 65% 左右的分數會落在一個標準差以上或是在平均數之下，而大約 100% 的分數都會落在三個平均數標準差之間。

在 1733 年，Abraham de Moivre（1667-1754）發現了常態分布這個概念，並由數學家 Friedrich Gauss（1777-1855）連結到統計上以作為統計的應用，因此常態分配在文學上有時也稱之為「高斯分配」（Gaussian distribution）。鐘型曲線長久以來在規劃物理上和心理上的資料中都可顯現出其重要性。

在我的書中《十個最佳的教學策略》（Tileston, 2000）中，我提到我們或許可以預期在課程開始時會出現鐘型曲線，但如果我們在課程結束後仍然持續出現鐘型曲線，就代表了某些地方出現了一些問題。如果我們教授一些能與學生大腦相容（brain-compatible）的形式內容，那麼我們應該會得到J曲線，這代表大多數的學生都有良好的表現。因此，如果我們持續得到鐘型曲線，那麼我們應該就要提出疑問：「為什麼我們的學生都不學習呢？」

常模參照測驗（Norm-Referenced Tests）

常模參照測驗的設計是認為學生表現的好壞要與其他學生表現相比較。大多數標準成就測驗都是常模參照測驗，意謂著學生表現是和常模團體中的學生表現相比較，常模參照測驗上的分數通常是以一種與分數程度等值的項目記錄，或是來自學生原始分數的百分比。

當使用常模參照測驗時，測驗的團體的分數會落入鐘形的曲線分配中，而使用標準化參照測驗時則不會。因為在標準化參照測驗中，學生們並不是與其他同學比較，因此可能所有參與測驗的學生其表現都是良好的，或是在百分比上可能都是良好的。

同儕評量（Peer Assessment）

同儕評量是來自於其他學生的評量。這些通常都是非正式的，而且常常發生在教室中，在學生們互相看著對方的作品時進行。而正式

的同儕評量則是會在學生們對其他同學評分時給予他們許多明確的指標。

實作作業（Performance Tasks）

實作作業是指需要學生們展現他們能力的評量活動、練習或是問題等。有些作業的目的是要評鑑一項技能，例如解決一個特殊形式的數學問題，其他有些作業的設計是要求學生藉由應用知識以證明他們的理解。為了要使作業更有真實感（更像在成人世界中被期望去實行的），這些從作業中衍生出來的工作或作品應該要更能反應出真實世界中的工作和作品。

作業通常會有一個以上具有可行性的解決方式，他們可能會要求學生針對一個問題提出回答，並且為此回答進行解釋和辯論。實作作業被視為是一種評量方式（用來取代或增加傳統的測驗），但也常被使用作為教學的活動。

檔案夾（Portfolio）

檔案夾即「選擇學生們的作品並蒐集成冊，以便舉例和證實學生在一段時間之內的學習進展」。正如同專業藝術家們集合他們的作品檔案，學生們也受到鼓勵或是被要求應保留他們的檔案夾以便說明他們學習的各種層面。有些教師會指定檔案夾裡應該要包含的項目，而有些教師則會讓學生們自己選擇項目。對教師而言，他們很難確實的對檔案夾進行評分，因為檔案夾可能會牽涉到邏輯性的問題。但是支持者認為他們鼓勵學生們反思，並且檔案夾有更多中針對學生學習的描述性和明確性的指標，這些都勝過於測驗分數上的成績或改變。最後，不論檔案夾的實施成功與否，其實似乎都取決於教師們的回饋品

質。

信度（Reliability）

信度是指在測驗中，在相同情況下反覆施測於相同的學生時（沒有任何練習效應），估計測驗與測驗結果一致性的密切程度。

評量指標（Rubric）

評量指標是針對既有作業中不同的表現層次給予明確的描述。教師使用評量指標以評鑑學生在實作作業上的表現。

學生們也會接受教師所給予的評價，有時候他們甚至也會協助發展評量指標上的標準，所以他們在事前就會知道自己將被預期的行為為何。例如一項口頭表演的內容可能就會依照下列的評量指標進行評量：

第四級：主要的概念已經發展得很完整，能善用重要的細節及軼事。資訊正確且令人印象深刻。在時間限制之內能徹底的展現出主題。

第三級：主要的概念合理且明確，且能提供正確和相關的細節。在時間限制內能夠正確的展現主題，但尚不夠完整。

第二級：無法明確的指出主要的概念，資訊也不夠正確。只能以極少的資訊支持主題，並且提供粗略和不完整的細節。

第一級：主要的概念不明確，且資訊有多處的錯誤。無法提供任何細節以支持主題。

自我評量（Self-Assessment）

自我評量是指直接來自學生本身的評量。它是一種在教室中最少

被使用的一種評量形式，但它結合了評量和學習工具兩者，因此也是一種最有彈性和最有效力的形式。

標準化測驗（Standardized Tests）

標準化測驗是指在一致（即標準化）的情況下施行和計分的測驗。因為大部分電腦計分和多元選擇的測驗都是標準化的，這些項目有時候是用來指這一類型的測驗，但是其他的測驗可能也是標準化的。

標準（Standards）

從當前的使用中，「標準」這個項目通常是指一些經過特殊指標管理的知識內容，這些內容是學生期望學習並能夠學習的。這些標準通常會以兩種形式顯示於課程當中：

- 內容標準（近似於從前所稱的目標或標的），是敘述在內容領域中學生期望了解和能夠了解的，例如數學和科學。
- 表現標準是指被期望達到的學習水準，表現標準能夠評量內容標準所能達到的層級。

近年來，標準一詞成為具體敘述教師應該了解和能夠施行的內涵了。

學生的理解（Student Understanding）

學生的理解無法輕易的以強迫選擇的問題型態作為判斷。當學生真正理解時，他們應該也能夠釋義、解釋、強調，以及在各種有意義的方式上使用這些資訊。

總結性評量（Summative Assessment）

總結性評量是一種針對學生所學進行評價和的測驗。總結性評量測驗不同於形成性評量，它主要是用來診斷學生的所學以幫助他們計畫未來的學習。

效度（Validity）

在測驗上，效度一詞指的是「測驗能否正確測量出所欲得知的內涵」。例如：對幼兒而言可能很難去閱讀一份歷史的測驗，所以這份測驗在測量閱讀的部分可能比測量歷史知識的部分還要多。這意謂著這份測驗在它的測驗目的上是無效的。

字 彙 後 測

　　本書一開始已提供字彙表和字彙的前測，以下是字彙後測的題目及答案。請於閱讀完題目後選出一個最佳的答案。

1. Conner老師想了解學生在估算方面（estimation）是否能夠運用所習得的資訊時，何種評量是用來判斷學生能否學以致用的最佳方式？

   A. 多重選擇測驗

   B. 強迫選擇測驗

   C. 自我評量

   D. 實作作業

2. 何種測驗能判斷學生是否有能力從高中畢業？

   A. 標準化參照測驗

   B. 高風險性測驗

   C. 常模參照測驗

   D. 實作作業

3. 在常態分配中，落在兩個平均值標準差的分數百分比為何？

   A. 95%

   B. 90%

   C. 85%

   D. 97%

4. XYZ測驗公司對一群學生進行再測，主要是想要去了解同一群學生在第一次和第二次的測驗得分上的接近程度，他們想要考驗什麼？

A. 效度

B. 成果表現

C. 信度

D. 偏見

5. 何時是使用集中量數的適切時機？

A. 當標準差為 0 時

B. 當分數為平均數時

C. 當眾數相同時

D. 當多數的分配落在同一分數時

6. 下列哪個項目可以反映出平均數的分配情形？

A. 標準差

B. 中數

C. 眾數

D. 效度

7. 為利於教學計畫，可以利用哪一種測驗來確認學生已習得哪些知識……

A. 常模參照測驗

B. 形成性評量

C. 強迫性選擇測驗

D. 性向測驗

8. 可以用來證明學生學習狀況的測驗稱為……

A. 總結性評量

B. 性向測驗

C. 效標參照測驗

D. 形成性評量

9. 馬丁學校盡力保證所有教學計畫的書面內容皆完全符合教室的教學內容以及學校的測驗內容。此種行為稱為……

A. 能力

B. 以資料為基礎的決策

C. 基準點

D. 校對

10. 馬丁學校定期藉由觀察學生的測驗成績以判斷校內男女生的表現，以及大部分學生與少數者相較下的進步程度。此種做法稱為……

A. 避免偏見

B. 拆離型資料

C. 設立基準點

D. 真實評量

11. 馬丁學校的教師從學生的測驗分數、出席率和輟學率等獲得的資料以考量學生的需求，此種做法稱為……

A. 設定基準

B. 拆離型資料

C. 以資料為基礎的決策

D. 信度的使用

12. 馬丁學校檢視學生的測驗分數，特別對照男、女生通過競賽的測驗分數，此過程中他們可能會發現什麼？

A. 效度

B. 成就差距

C. 信度

D. 常模

13. 為檢測學生在某段時間內實做作業的進展，最可能採用何種類型

的評量？

A. 檔案夾

B. 強迫選擇測驗

C. 成就測驗

D. 常模參照測驗

14. 為了測驗描述性的知識，教師最可能使用何種類型的評量？

A. 強迫選擇測驗

B. 檔案夾

C. 實作作業

D. 觀察

15. 為了測驗程序性的知識，教師最可能使用何種類型的評量？

A. 多重選擇測驗

B. 申論題

C. 是非測驗

D. 觀察

16. Conner 老師的學校位於某一州內，且該校每年對學生所採行的測驗都是採用國家的課程標準，此種做法常被視為……

A. 評量

B. 真實性評量

C. 校對

D. 可描述性

17. 在 XYZ 測驗中，約 20% 的學生不及格，以及大約 20% 的學生表現良好，其餘學生的分數則介於兩者之間。這種狀況稱為……

A. 信度

B. 效度

C. 常態分配

D. 標準化

18. 被應用在學習上的測量，稱為……

A. 信度

B. 評量

C. 評價

D. 效度

19. 下列何種類型的測驗最能嚴密的評量學生對國家規範的了解？

A. 標準化參照測驗

B. 性向測驗

C. 形成性評量

D. 常模參照測驗

20. 下列何者不屬於國家級的考試？

A. 形成性特質的測驗

B. 總結性特質的測驗

C. 內容標準為基礎的測驗

D. 表現標準為基礎的測驗

字彙後測答案

1. D	6. A	11. C	16. D
2. B	7. B	12. B	17. C
3. A	8. A	13. A	18. B
4. C	9. D	14. A	19. A
5. D	10. B	15. D	20. A

參 考 文 獻

Gardner, H. (1983). *Frames of mind: The theory of multiple intelligences.* New York: Basic Books.

Jensen, E. (1997). *Completing the puzzle: The brain-compatible approach to learning* (2nd ed.). Del Mar, California: Turning Point.

Jensen, E. (1998). *Introduction to brain-compatible learning.* Del Mar, CA: Turning Point.

Marzano, R. J. (1998). *A theory-based meta-analysis of research on instruction.* Aurora, CO: Mid-continent Regional Educational Laboratory.

Marzano, R. J. (2000). *Transforming classroom grading.* Alexandria, VA: Association for Supervision and Curriculum Development.

Piaget, J. (1973). *To understand is to invent.* NY: Viking.

Silver, H. F., Strong, R. W., & Perini, M. J. (2000). *So each may learn.* Alexandria, VA: Association for Supervision and Curriculum Development.

Sprenger, M. (2002). *Becoming a wiz at brain-based teaching: How to make every year your best year.* Thousand Oaks, CA: Corwin.

Stiggins, R. J. (1994). *Student-centered classroom assessment* (2nd ed.). Columbus, OH: Merrill.

Tileston, D. W. (2000). *Ten best teaching practices: How brain research, learning styles, and standards define teaching.* Thousand Oaks, CA: Corwin.

Tileston, D. W. (2004a). *What every teacher should know about effective teaching strategies.* Thousand Oaks, CA: Corwin.

Tileston, D. W. (2004b). *What every teacher should know about learning, memory, and the brain.* Thousand Oaks, CA: Corwin.

Tileston, D. W. (2004c). *What every teacher should know about instructional planning.* Thousand Oaks, CA: Corwin.

Wiggins, G., & McTighe, J. (1998). *Understanding by design.* Alexandria, VA: Association for Supervision and Curriculum Development.

國家圖書館出版品預行編目（CIP）資料

所有教師都應該知道的事——學生評量／
Donna Walker Tileston 著；賴美言，詹喬雯譯.
-- 初版. -- 臺北市：心理，2011.08
　　面；公分. --（教育現場系列；41143）
譯自：What every teacher should know about
　　　　student assessment
ISBN 978-986-191-448-0（平裝）

1. 學習評量　2. 考試　3. 教學評量工具

521.66　　　　　　　　　　　　　　100011010

教育現場系列 41143

所有教師都應該知道的事——學生評量

作　　者：Donna Walker Tileston
譯　　者：賴美言、詹喬雯
執行編輯：高碧嶸
總 編 輯：林敬堯
發 行 人：洪有義
出 版 者：心理出版社股份有限公司
地　　址：台北市大安區和平東路一段 180 號 7 樓
電　　話：(02) 23671490
傳　　真：(02) 23671457
郵撥帳號：19293172 心理出版社股份有限公司
網　　址：http://www.psy.com.tw
電子信箱：psychoco@ms15.hinet.net
駐美代表：Lisa Wu（Tel: 973 546-5845）
排 版 者：辰皓國際出版製作有限公司
印 刷 者：呈峰彩色印刷有限公司
初版一刷：2011 年 8 月
初版二刷：2014 年 1 月
I S B N：978-986-191-448-0
定　　價：新台幣 140 元